土地基本法

法律・政令・省令等

〈重要法令シリーズ025〉

信山社

7425-0101

<目　次>

＊ページ数は上部にふられたもの

土地基本法

（平成元年12月22日法律第84号）

目　次

―　―　―

第一章　　総則

（目的）

第一条　この法律は、土地についての基本理念を定め、並びに土地所有者等、国、地方公共団体、事業者及び国民の土地についての基本理念に係る責務を明らかにするとともに、土地に関する施策の基本となる事項を定めることにより、土地が有する効用の十分な発揮、現在及び将来における地域の良好な環境の確保並びに災害予防、災害応急対策、災害復旧及び災害からの復興に資する適正な土地の利用及び管理並びにこれらを促進するための土地の取引の円滑化及び適正な地価の形成に関する施策を総合的に推進し、もって地域の活性化及び安全で持続可能な社会の形成を図り、国民生活の安定向上と国民経済の健全な発展に寄与することを目的とする。

（土地についての公共の福祉優先）

第二条　土地は、現在及び将来における国民のための限られた貴重な資源であること、国民の諸活動にとって不可欠の基盤であること、その利用及び管理が他の土地の利用及び管理と密接な関係を有するものであること、その価値が主として人口及び産業の動向、土地の利用及び管理の動向、社会資本の整備状況その他の社会的経済的条件により変動するものであること等公共の利害に関係する特性を有していることに鑑み、土地については、公共の福祉を優先させるものとする。

（適正な利用及び管理等）

第三条　土地は、その所在する地域の自然的、社会的、経済的及び文化的諸条件に応じて適正に利用し、又は管理されるものとする。

２　土地は、その周辺地域の良好な環境の形成を図るとともに当該周辺地域への悪影響を防止する観点から、適正に利用し、又は管理されるものとする。

３　土地は、適正かつ合理的な土地の利用及び管理を図るため策定された土地の利用及び管理に関する計画に従って利用し、又は管理されるものとする。

（円滑な取引等）

第四条　土地は、土地の所有者又は土地を使用収益する権原を有する者（以下「土地所有者等」という。）による適正な利用及び管理を促進する観点から、円滑に取引されるものとする。

２　土地は、投機的取引の対象とされてはならない。

（土地所有者等による適切な負担）

第五条　土地の価値がその所在する地域における第二条に規定する社会的経済的条件の変化により増加する場合には、土地所有者等に対し、その価値の増加に伴う利益に応じて適切な負担が求められるものとする。

２　土地の価値が地域住民その他の土地所有者等以外の者によるまちづくりの推進その他の地域における公共の利益の増進を図る活動により維持され、又は増加する場合には、土地所有者等に対し、その価値の維持又は増加に要する費用に応じて適切な負担が求められるものとする。

（土地所有者等の責務）

第六条　土地所有者等は、第二条から前条までに定める土地についての基本理念（以下「土地についての基本理念」という。）にのっとり、土地の利用及び管理並びに取引を行う責務を有する。

２　土地の所有者は、前項の責務を遂行するに当たっては、その所有する土地に関する登記手続その他の権利関係の明確化のための措置及び当該土地の所有権の境界の明確化のための措置を適切に講ずるように努めなければならない。

３　土地所有者等は、国又は地方公共団体が実施する土地に関する施策に協力しなければならない。

（国及び地方公共団体の責務）

第七条　国及び地方公共団体は、土地についての基本理念にのっとり、土地に関する施策を総合的に策定し、及びこれを実施する責務を有する。

２　国及び地方公共団体は、前項の責務を遂行するに当たっては、土地所有者等による適正な土地の利用及び管理を確保するため必要な措置を講ずるように努めるとともに、地域住民その他の土地所有者等以外の者による当該利用及び管理を補完する取組を推進するため必要な措置を講ずるように努めるものとする。

３　国及び地方公共団体は、広報活動等を通じて、土地についての基本理念に関する国民の理解を深めるよう適切な措置を講じなければならない。

（事業者の責務）

第八条　事業者は、土地の利用及び管理並びに取引（これを支援する行為を含む。）に当たっては、土地についての基本理念に従わなければならない。

２　事業者は、国及び地方公共団体が実施する土地に関する施策に協力しなければならない。

（国民の責務）

第九条　国民は、土地の利用及び管理並びに取引に当たっては、土地についての基本理念を尊重しなければならない。

２　国民は、国及び地方公共団体が実施する土地に関する施策に協力するように努めなければならない。

（法制上の措置等）

第十条　政府は、土地に関する施策を実施するため必要な法制上、財政上及び金融上の措置を講じなければならない。

（年次報告等）

第十一条　政府は、毎年、国会に、不動産市場、土地の利用及び管理その他の土地に関する動向及び政府が土地に関して講じた基本的な施策に関する報告を提出しなければならない。

２　政府は、毎年、前項の報告に係る土地に関する動向を考慮して講じようとする基本的な施策を明らかにした文書を作成し、これを国会に提出しなければならない。

３　政府は、前項の講じようとする基本的な施策を明らかにした文書を作成するには、国土審議会の意見を聴かなければならない。

第二章　土地に関する基本的施策

（土地の利用及び管理に関する計画の策定等）

第十二条　国及び地方公共団体は、適正かつ合理的な土地の利用及び管理を図るため、人口及び産業の将来の見通し、土地の利用及び管理の動向その他の自然的、社会的、経済的及び文化的諸条件を勘案し、必要な土地の利用及び管理に関する計画を策定するものとする。

２　前項の場合において、国及び地方公共団体は、地域の特性を考慮して、良好な環境の形成若しくは保全、災害の防止、良好な環境に配慮した土地の高度利用又は土地利用の適正な転換を図るため特に必要があると認めるときは同項の計画を詳細に策定するものとし、地域における社会経済活動の広域的な展開を考慮して特に必要があると認めるときは同項の計画を広域の見地に配慮して策定するものとする。

3　第一項の場合において、国及び地方公共団体は、住民その他の関係者の意見を反映させるものとする。

4　国及び地方公共団体は、第一項に規定する諸条件の変化を勘案して必要があると認めるときは、同項の計画を変更するものとする。

（適正な土地の利用及び管理の確保を図るための措置）

第十三条　国及び地方公共団体は、前条第一項の計画に従って行われる良好な環境の形成又は保全、災害の防止、良好な環境に配慮した土地の高度利用、土地利用の適正な転換その他適正な土地の利用及び管理の確保を図るため、土地の利用又は管理の規制又は誘導に関する措置を適切に講ずるとともに、同項の計画に係る事業の実施及び当該事業の用に供する土地の境界の明確化その他必要な措置を講ずるものとする。

2　国及び地方公共団体は、前項の措置を講ずるに当たっては、公共事業の用に供する土地その他の土地の所有権又は当該土地の利用若しくは管理に必要な権原の取得に関する措置を講ずるように努めるものとする。

3　国及び地方公共団体は、第一項の措置を講ずるに当たっては、需要に応じた宅地の供給が図られるように努めるものとする。

4　国及び地方公共団体は、第一項の措置を講ずるに当たっては、低未利用土地（居住の用、業務の用その他の用途に供されておらず、又はその利用の程度がその周辺の地域における同一の用途若しくはこれに類する用途に供されている土地の利用の程度に比し著しく劣っていると認められる土地をいう。以下この項において同じ。）に係る情報の提供、低未利用土地の取得の支援等低未利用土地の適正な利用及び管理の促進に努めるものとする。

５　国及び地方公共団体は、第一項の措置を講ずるに当たっては、所有者不明土地（相当な努力を払って探索を行ってもなおその所有者の全部又は一部を確知することができない土地をいう。）の発生の抑制及び解消並びに円滑な利用及び管理の確保が図られるように努めるものとする。

（土地の取引に関する措置）

第十四条　国及び地方公共団体は、円滑な土地の取引に資するため、不動産市場の整備に関する措置その他必要な措置を講ずるものとする。

２　国及び地方公共団体は、土地の投機的取引及び地価の高騰が国民生活に及ぼす弊害を除去し、適正な地価の形成に資するため、土地取引の規制に関する措置その他必要な措置を講ずるものとする。

（社会資本の整備に関連する利益に応じた適切な負担）

第十五条　国及び地方公共団体は、社会資本の整備に関連して土地所有者等が著しく利益を受けることとなる場合において、地域の特性等を勘案して適切であると認めるときは、その利益に応じてその社会資本の整備についての適切な負担を課するための必要な措置を講ずるものとする。

（税制上の措置）

第十六条　国及び地方公共団体は、土地についての基本理念にのっとり、土地に関する施策を踏まえ、税負担の公平の確保を図りつつ、土地に関し、適正な税制上の措置を講ずるものとする。

（公的土地評価の適正化等）

第十七条　国は、適正な地価の形成及び課税の適正化に資するため、土地の正常な価格を公示するとともに、公的土地評価について相互の均衡と適正化が図られるように努めるものとする。

（調査の実施等）

第十八条　国及び地方公共団体は、土地に関する施策の総合的かつ効率的な実施を図るため、地籍、土地の利用及び管理の状況、不動産市場の動向等に関し、調査を実施し、資料を収集する等必要な措置を講ずるものとする。

２　国及び地方公共団体は、土地に関する施策の円滑な実施に資するため、個人の権利利益の保護に配慮しつつ、国民に対し、地籍、土地の利用及び管理の状況、不動産市場の動向等の土地に関する情報を提供するように努めるものとする。

（施策の整合性の確保及び行政組織の整備等）

第十九条　国及び地方公共団体は、土地に関する施策を講ずるにつき、相協力し、その整合性を確保するように努めるものとする。

２　国及び地方公共団体は、土地に関する施策を講ずるにつき、総合的見地に立った行政組織の整備及び行政運営の改善に努めるものとする。

（地方公共団体に対する支援）

第二十条　国は、地方公共団体が実施する土地に関する施策を支援するため、情報の提供その他必要な措置を講ずるように努めるものとする。

第三章　土地に関する基本的な方針

第二十一条　政府は、土地についての基本理念にのっとり、前章に定める土地の利用及び管理、土地の取引、土地の調査並びに土地に関する情報の提供に関する基本的施策その他の土地に関する施策の総合的な推進を図るため、土地に関する基本的な方針（以下この条において「土地基本方針」という。）を定めなければならない。

２　土地基本方針は、次に掲げる事項について定めるものとする。
一　第十二条第一項の計画の策定等に関する基本的事項
二　適正な土地の利用及び管理の確保を図るための措置に関する基本的事項
三　土地の取引に関する措置に関する基本的事項
四　土地に関する調査の実施及び資料の収集に関する措置並びに第十八条第二項に規定する土地に関する情報の提供に関する基本的事項
五　前各号に掲げるもののほか、土地に関する施策の総合的な推進を図るために必要な事項

３　国土交通大臣は、土地基本方針の案を作成し、閣議の決定を求めなければならない。

4　国土交通大臣は、前項の規定により土地基本方針の案を作成しようとするときは、あらかじめ、国民の意見を反映させるために必要な措置を講ずるとともに、国土審議会の意見を聴かなければならない。

5　国土交通大臣は、第三項の閣議の決定があったときは、直ちに、土地基本方針を告示しなければならない。

6　前三項の規定は、土地基本方針の変更について準用する。

第四章　国土審議会の調査審議等

第二十二条　国土審議会は、国土交通大臣の諮問に応じ、土地に関する総合的かつ基本的な施策に関する事項及び国土の利用に関する基本的な事項を調査審議する。

2　国土審議会は、前項に規定する事項に関し、国土交通大臣に対し、及び国土交通大臣を通じて関係行政機関の長に対し、意見を申し出ることができる。

3　関係行政機関の長は、土地に関する総合的かつ基本的な施策に関する事項でその所掌に係るもの及び国土の利用に関する基本的な事項でその所掌に係るものについて国土審議会の意見を聴くことができる。

附　則　抄

（施行期日）

1　この法律は、公布の日から施行する。

附　則（平成一一・七・一六法一〇二）抄

（施行期日）

第一条　この法律は、内閣法の一部を改正する法律（平成十一年法律第八十八号）の施行の日〔平成一三年一月六日〕から施行する。ただし、次の各号に掲げる規定は、当該各号に定める日から施行する。

一　〔省略〕

二　附則〔中略〕第二十八条並びに第三十条の規定　公布の日

（委員等の任期に関する経過措置）

第二十八条　この法律の施行の日の前日において次に掲げる従前の審議会その他の機関の会長、委員その他の職員である者（任期の定めのない者を除く。）の任期は、当該会長、委員その他の職員の任期を定めたそれぞれの法律の規定にかかわらず、その日に満了する。

一～四十六　〔省略〕

四十七　国土審議会

四十八～五十六　〔省略〕

五十七　土地政策審議会

五十八　〔省略〕

（別に定める経過措置）

第三十条　第二条から前条までに規定するもののほか、この法律の施行に伴い必要となる経過措置は、別に法律で定める。

中央省庁等改革関係法施行法（平成一一・一二・二二法一六〇）抄

（処分、申請等に関する経過措置）

第千三百一条　中央省庁等改革関係法及びこの法律（以下「改革関係法等」と総称する。）の施行前に法令の規定により従前の国の機関がした免許、許可、認可、承認、指定その他の処分又は通知その他の行為は、法令に別段の定めがあるもののほか、改革関係法等の施行後は、改革関係法等の施行後の法令の相当規定に基づいて、相当の国の機関がした免許、許可、認可、承認、指定その他の処分又は通知その他の行為とみなす。

2　改革関係法等の施行の際現に法令の規定により従前の国の機関に対してされている申請、届出その他の行為は、法令に別段の定めがあるもののほか、改革関係法等の施行後は、改革関係法等の施行後の法令の相当規定に基づいて、相当の国の機関に対してされた申請、届出その他の行為とみなす。

3　改革関係法等の施行前に法令の規定により従前の国の機関に対し報告、届出、提出その他の手続をしなければならないとされている事項で、改革関係法等の施行の日前にその手続がされていないものについては、法令に別段の定めがあるもののほか、改革関係法等の施行後は、これを、改革関係法等の施行後の法令の相当規定により相当の国の機関に対して報告、届出、提出その他の手続をしなければならないとされた事項についてその手続がされていないものとみなして、改革関係法等の施行後の法令の規定を適用する。

（従前の例による処分等に関する経過措置）

第千三百二条　なお従前の例によることとする法令の規定により、従前の国の機関がすべき免許、許可、認可、承認、指定その他の処分若しくは通知その他の行為又は従前の国の機関に対してすべき申請、届出その他の行為については、法令に別段の定めがあるもののほか、改革関係法等の施行後は、改革関係法等の施行後の法令の規定に基づくその任務及び所掌事務の区分に応じ、それぞれ、相当の国の機関がすべきものとし、又は相当の国の機関に対してすべきものとする。

（罰則に関する経過措置）

第千三百三条　改革関係法等の施行前にした行為に対する罰則の適用については、なお従前の例による。

（命令の効力に関する経過措置）

第千三百四条　改革関係法等の施行前に法令の規定により発せられた国家行政組織法の一部を改正する法律による改正前の国家行政組織法（昭和二十三年法律第百二十号。次項において「旧国家行政組織法」という。）第十二条第一項の総理府令又は省令は、法令に別段の定めがあるもののほか、改革関係法等の施行後は、改革関係法等の施行後の法令の相当規定に基づいて発せられた相当の内閣府設置法第七条第三項の内閣府令又は国家行政組織法の一部を改正する法律による改正後の国家行政組織法（次項及び次条第一項において「新国家行政組織法」という。）第十二条第一項の省令としての効力を有するものとする。

2　改革関係法等の施行前に法令の規定により発せられた旧国家行政組織法第十三条第一項の特別の命令は、法令に別段の定めがあるもののほか、改革関係法等の施行後は、改革関係法等の施行後の法令の相当規定に基づいて発せられた相当の内閣府設置法第五十八条第四項（組織関係整備法第六条の規定による改正後の宮内庁法（昭和二十二年法律第七十号）第十八条第一項において準用する場合を含む。）の特別の命令又は新国家行政組織法第十三条第一項の特別の命令としての効力を有するものとする。

3　改革関係法等の施行の際現に効力を有する金融再生委員会規則で、第百六十六条の規定による改正後の金融機能の再生のための緊急措置に関する法律又は第百六十八条の規定による改正後の金融機能の早期健全化のための緊急措置に関する法律の規定により内閣府令で定めるべき事項を定めているものは、改革関係法等の施行後は、内閣府令としての効力を有するものとする。

（内閣府等の組織に関する中央省庁等改革推進本部令）

第千三百五条　中央省庁等改革推進本部は、改革関係法等の施行前において、改革関係法等の施行後の内閣府、総務省、法務省、外務省、財務省、文部科学省、厚生労働省、農林水産省、経済産業省、国土交通省及び環境省の組織に関する事項で内閣府設置法第七条第三項の内閣府令又は新国家行政組織法第十二条第一項の省令で定めるべきものを、それぞれ、中央省庁等改革推進本部令で定めることができる。

2　前項の中央省庁等改革推進本部令は、中央省庁等改革推進本部令の定めるところにより、改革関係法等の施行の時に、それぞれ、その時に発せられた前項に規定する事項を定めた相当の内閣府令又は省令となるものとする。

（守秘義務に関する経過措置）

第千三百七条　改革関係法等の施行後は、改革関係法等の施行前の労働基準法第百五条（同法第百条の二第三項において準用する場合を含む。）、私的独占の禁止及び公正取引の確保に関する法律第三十九条、地方自治法第二百五十条の九第十三項（同法第二百五十一条第五項において準用する場合を含む。）、船員法第百九条、国営企業労働関係法（昭和二十三年法律第二百五十七号）第二十六条第五項、運輸省設置法（昭和二十四年法律第百五十七号）第十五条、労働組合法第二十三条、電波法第九十九条の四において準用する国家公務員法第百条第一項、警察法第十条第一項において準用する国家公務員法第百条第一項、原子力委員会及び原子力安全委員会設置法（昭和三十年法律第百八十八号）第十条（同法第二十二条において準用する場合を含む。）、特許法第二百条、実用新案法第六十条、意匠法第七十三条、地価公示法第十八条第一項、公害等調整委員会設置法第十一条第一項（同法第十八条第五項において準用する場合を含む。）、公害健康被害の補償等に関する法律第百二十三条第一項、航空事故調査委員会設置法第十条第一項、国会等の移転に関する法律（平成四年法律第百九号）第十五条第八項、衆議院議員選挙区画定審議会設置法（平成六年法律第三号）第六条第七項、金融再生委員会設置法第二十八条において準用する同法第十一条第一項又は同法第三十八条第一項において準用する同法第十一条第一項に規定する従前の国の機関の委員その他の職員であった者（以下この条において「旧委員等」という。）は、それぞれ、改革関係法等の施行後のこれらの規定（改革関係法等の施行後にあっては、改革関係法等の施行前の労働基準法第百条の二第三項において準用する同法第百五条の規定については改革関係法等の施行後の同法第百条第三項において準用する同法第百五条の規定とし、改革関係法等の施行前の運輸省設置法第十五条の規定については改革関係法等の施行後の国土交通省設置法第二十一条第一項の規定とし、改革関係法等の施行前の金融再生委員会設置法第二十八条において準用する同法第十一条第一項の規定については改革関係法等の施行後の金融庁設置法（平成十年法律第百三十号）第十六条第一項の規定とし、改革関係法等の施行前の金融再生委員会設置法第三十八条第一項において準用する同法第十一条第一項の規定については改革関係法等の施行後の金融庁設置法附則第十五条において準用する同法第十六条第一項の規定とする。以下この項において同じ。）に規定する国の機関の委員その他の職員（以下この条において「新委員等」という。）であったものと、改革関係法等の施行前のこれらの規定に規定する旧委員等に係るその職務上又はその職務に関して知ることができた秘密は、それぞれ、改革関係法等の施行後のこれらの規定に規定する新委員等に係るその職務上又はその職務に関して知ることができた秘密とみなして、改革関係法等の施行後のこれらの法律を適用する。

2　改革関係法等の施行前の科学技術会議設置法（昭和三十四年法律第四号）第十条第一項、宇宙開発委員会設置法（昭和四十三年法律第四十号）第九条第一項又は金融再生委員会設置法第十一条第一項に規定する従前の国の機関の委員その他の職員であった者に係るその職務上知ることができた秘密を漏らしてはならない義務については、改革関係法等の施行後も、なお従前の例による。

3　改革関係法等の施行前の臨時金利調整法第十二条に規定する金利調整審議会の委員又は同審議会の書記であった者が、金利調整審議会の議事に関して知得した秘密に関し、改革関係法等の施行後にした行為に対する罰則の適用については、なお従前の例による。

4　改革関係法等の施行後は、改革関係法等の施行前の消防法第三十五条の三の二第二項において準用する同法第三十四条第二項において準用する同法第四条第六項に規定する従前の消防庁の職員に係る検査又は質問を行った場合に知り得た関係者の秘密は、改革関係法等の施行後の同項に規定する消防庁の職員に係る検査又は質問を行った場合に知り得た関係者の秘密とみなして、同項の規定を適用する。

5　革関係法等の施行後は、改革関係法等の施行前の職業安定法第五十一条の二に規定する従前の公共職業安定所の業務に従事する者であった者は、改革関係法等の施行後の職業安定法第五十一条の二に規定する公共職業安定所の業務に従事する者であった者と、改革関係法等の施行前の職業安定法第五十一条の二に規定する従前の公共職業安定所の業務に従事する者であった者に係るその業務に関して知り得た同条に規定する情報は、改革関係法等の施行後の職業安定法第五十一条の二に規定する公共職業安定所の業務に従事する者であった者に係るその業務に関して知り得た同条に規定する情報とみなして、同条の規定を適用する。

（職務上の義務違反に関する経過措置）

第千三百八条　改革関係法等の施行後は、改革関係法等の施行前の地方自治法第二百五十条の九第十一項（同法第二百五十一条第五項において準用する場合を含む。）、建設業法第二十五条の五第二項（同法第二十五条の七第三項において準用する場合を含む。）、犯罪者予防更生法第八条第二項、運輸省設置法第十一条、労働組合法第十九条の七第二項（同法第十九条の十三第四項において準用する場合を含む。）、社会保険医療協議会法第三条第八項、公職選挙法第五条の二第四項、電波法第九十九条の八、ユネスコ活動に関する法律第十一条第一項、公安審査委員会設置法（昭和二十七年法律第二百四十二号）第七条、自治省設置法（昭和二十七年法律第二百六十一号）第八条第一項、社会保険審査官及び社会保険審査会法第二十四条、警察法第九条第二項、原子力委員会及び原子力安全委員会設置法第七条第二項（同法第二十二条において準用する場合を含む。）、労働保険審査官及び労働保険審査会法第三十条、地価公示法第十五条第八項、公害等調整委員会設置法第九条、公害健康被害の補償等に関する法律第百十六条、航空事故調査委員会設置法第八条第二項、国会等の移転に関する法律第十五条第七項、衆議院議員選挙区画定審議会設置法第六条第六項、金融再生委員会設置法第二十八条において準用する同法第九条又は同法第三十八条第一項において準用する同法第九条に規定する従前の国の機関の委員その他の職員であった者（以下この条において「旧委員等」という。）が改革関係法等の施行前に行った旧委員等としての職務上の義務違反その他旧委員等たるに適しない非行は、それぞれ、改革関係法等の施行後のこれらの規定（改革関係法等の施行後にあっては、改革関係法等の施行前の自治省設置法第八条第一項の規定については改革関係法等の施行後の総務省設置法第十四条の規定とし、改革関係法等の施行前の運輸省設置法第十一条の規定については改革関係法等の施行後の国土交通省設置法第二十条の規定とし、改革関係法等の施行前の金融再生委員会設置法第二十八条において準用する同法第九条の規定については改革関係法等の施行後の金融庁設置法第十四条の規定とし、改革関係法等の施行前の金融再生委員会設置法第三十八条において準用する同法第九条の規定については改革関係法等の施行後の金融庁設置法附則第十五条において準用する同法第十四条の規定とする。）に規定する国の機関の委員その他の職員（以下この条において「新委員等」という。）として行った職務上の義務違反その他新委員等たるに適しない非行とみなして、改革関係法等の施行後のこれらの法律を適用する。

（地方自治法第百五十六条第四項の適用の特例）

第千三百九条　改革関係法等の施行後の内閣府、総務省、法務省、外務省、財務省、文部科学省、厚生労働省、農林水産省、経済産業省、国土交通省又は環

境省の第百七十三条の規定による改正後の地方自治法（次項において「新地方自治法」という。）第百五十六条第五項に規定する機関以外の同条第四項に規定する国の地方行政機関（地方厚生局及び地方厚生支局並びに地方整備局を除く。）であって、改革関係法等の施行の際従前の総理府、法務省、外務省、大蔵省、文部省、厚生省、農林水産省、通商産業省、運輸省、郵政省、労働省、建設省又は自治省の相当の機関（以下この項において「相当の旧機関」という。）の位置と同一の位置に設けられ、かつ、その相当の旧機関の管轄区域以外の区域を管轄しないものについては、同条第四項の規定は、適用しない。

２　地方厚生局又は地方厚生支局であって、改革関係法等の施行の際従前の厚生省の地方医務局（地方厚生支局にあっては、従前の厚生省の地方医務支局とする。以下この項において同じ。）の位置と同一の位置に設けられ、かつ、従前の厚生省の地方医務局の管轄区域以外の区域を管轄しないものについては、新地方自治法第百五十六条第四項の規定は、適用しない。

（審判官の除斥に関する経過措置）

第千三百三十八条　審判官が改革関係法等の施行前に従前の審査官として査定に関与した事件は、改革関係法等の施行後の特許法第百三十九条第六号（同法、実用新案法、意匠法、商標法その他の法令において準用する場合を含む。）の規定の適用については、改革関係法等の施行後に審査官として査定に関与した事件とみなす。

（政令への委任）

第千三百四十四条　第七十一条から第七十六条まで及び第千三百一条から前条まで並びに中央省庁等改革関係法に定めるもののほか、改革関係法等の施行に関し必要な経過措置（罰則に関する経過措置を含む。）は、政令で定める。

附　則

（施行期日）

第一条　この法律（第二条及び第三条を除く。）は、平成十三年一月六日から施行する。ただし、次の各号に掲げる規定は、当該各号に定める日から施行する。

一　〔前略〕第千三百五条〔中略〕及び第千三百四十四条の規定　公布の日

二　〔省略〕

附　則（令和二・三・三一法一二）抄

（施行期日）

1　この法律は、〔中略〕ただし、次の各号に掲げる規定は、当該各号に定める日から施行する。

一　第一条の規定　公布の日

二　〔省略〕

三　〔省略〕

二　その他所要の改正を行うものとすること。

（附則第二項及び第三項関係）

記録の閲覧を請求することができるものとすること。（第三十二条の三関係）

七　権限の委任

この法律に規定する国土交通大臣の権限は、国土交通省令で定めるところにより、その一部を地方整備局長又は北海道開発局長に委任することができるものとすること。（第三十四条の二関係）

八　その他所要の改正を行うものとすること。

第四　不動産登記法の一部改正

一　地方公共団体は、その区域内の対象土地の所有権登記名義人等のうちいずれかの者の同意を得たときは、筆界特定登記官に対し、当該対象土地の筆界（第十四条第一項の地図に表示されないものに限る。）について、筆界特定の申請をすることができるものとすること。（第百三十一条関係）

二　その他所要の改正を行うものとすること。

第五　附則

一　この法律は、一部の規定を除き、令和二年四月一日から施行するものとすること。（附則第一項関係）

1　都道府県知事又は市町村長は、国土調査の実施に必要な限度で、その保有する当該国土調査に係る土地の所有者その他の利害関係人の氏名又は名称、住所その他の所有者その他の利害関係人に関する情報（以下「所有者等関係情報」という。）を、その保有に当たつて特定された利用目的以外の目的のために内部で利用することができるものとすること。

2　国土調査を実施する者は、その実施のために必要がある場合においては、関係する地方公共団体の長その他の者に対して、当該国土調査に係る土地の所有者等関係情報の提供を求めることができるものとすること。

3　2の求めを受けた者は、国の機関及び地方公共団体以外の者に対し所有者等関係情報を提供しようとするときは、あらかじめ、本人の同意を得なければならないものとすること。

（第三十一条の二関係）

六　地方公共団体等による登記簿の附属書類等の閲覧請求の特例

地籍調査を行う地方公共団体等は、不動産登記法第百二十一条第二項ただし書又は第百四十九条第二項ただし書の規定にかかわらず、当該地籍調査に係る土地に関する登記簿の附属書類又は筆界特定手続こと。

7　市町村長等は、6の写しの送付を受けた場合には、地籍調査以外の測量及び調査において街区境界調査成果に係る情報の活用が図られるよう、当該情報をインターネットの利用等により公表することその他必要な措置を講ずるように努めるものとすること。（第二十一条の二関係）

三　国土交通大臣の援助

国土交通大臣は、国土調査を行う者からの求めに応じて、必要な情報及び資料の提供、国土調査の実施に関する助言を行う者の派遣又はあっせんその他必要な援助を行うことができるものとすること。（第二十三条の四関係）

四　報告の徴収等

国土調査を実施する者は、その実施のために必要がある場合においては、当該国土調査に係る土地の所有者その他の利害関係人に対し、当該国土調査の実施に必要な事項に関する報告又は資料の提出を求めることができるものとすること。（第二十三条の五関係）

五　所有者等関係情報の利用及び提供

内の土地（街区外土地に隣接する土地に限る。）について、その所有者及び地番の調査並びに当該街区内の土地と街区外土地との境界に関する測量のみを先行して行い、その結果に基づいて地図及び簿冊を作成することができるものとすること。

2　地方公共団体等は、1の地図及び簿冊を作成したときは、遅滞なく、その旨を公告し、一般の閲覧に供した上で、都道府県知事等に送付しなければならないものとすること。

3　地方公共団体等は、2により送付した地図及び簿冊（以下「街区境界調査成果」という。）について、都道府県知事等にその認証を請求することができるものとすること。

4　都道府県知事等は、街区境界調査成果を認証した場合においては、登記所に、当該街区境界調査成果の写しを送付しなければならないものとすること。

5　登記所は、4の写しに基づいて、表題部所有者又は所有権の登記名義人の氏名若しくは名称又は住所についての変更の登記等をしなければならないものとすること。

6　都道府県知事等は、街区境界調査成果を認証した場合においては、その写しを市町村長等に送付し、当該市町村長等は、当該写しを保管するとともに、一般の閲覧に供しなければならないものとする会資本の効率的な整備に関する施策、都市の健全な発展と秩序ある整備に関する施策その他の関連する施策との連携が図られるとともに、国土調査事業の迅速かつ効率的な実施が確保されるように定めなければならないものとすること。（第三条第二項関係）

三　国土調査事業十箇年計画に定める事項として、国土調査事業の迅速かつ効率的な実施を図るための措置に関する事項を追加するものとすること。（第三条第四項関係）

四　その他所要の改正を行うものとすること。

第三　国土調査法の一部改正

一　国土調査の成果と同一の効果があるものとしての指定に係る申請の代行等

国土調査を行う者は、国土調査の効率的な実施に資するため必要があると認めるときは、国土調査の成果と同一の効果があるものとしての指定に係る申請を国土調査以外の測量及び調査を行った者に代わって行うことができるものとすること。（第十九条関係）

二　街区境界調査成果に係る特例

1　地籍調査を行う地方公共団体等は、地籍調査を効率的に行うため必要があると認めるときは、街区

⑵　適正な土地の利用及び管理の確保を図るための措置に関する基本的事項
⑶　土地の取引に関する措置に関する基本的事項
⑷　土地に関する調査の実施及び資料の収集に関する措置並びに四の4の⑵の土地に関する情報の提供に関する基本的事項
3　国土交通大臣は、土地基本方針の案を作成し、閣議の決定を求めなければならないものとすること。
4　国土交通大臣は、3の土地基本方針の案を作成しようとするときは、あらかじめ、国民の意見を反映させるために必要な措置を講ずるとともに、国土審議会の意見を聴かなければならないものとすること。

（第二十一条関係）

六　その他所要の改正を行うものとすること。

第二　国土調査促進特別措置法の一部改正

一　国土交通大臣は、令和二年度を初年度とする国土調査事業十箇年計画の案を作成し、閣議の決定を求めなければならないものとすること。

（第三条第一項関係）

二　国土調査事業十箇年計画は、土地基本法に基づく土地基本方針に即し、かつ、防災に関する施策、社

(1)　国及び地方公共団体は、土地に関する施策の総合的かつ効率的な実施を図るため、地籍、土地の利用及び管理の状況、不動産市場の動向等に関し、調査を実施し、資料を収集する等必要な措置を講ずるよう改めるものとすること。

(2)　国及び地方公共団体は、土地に関する施策の円滑な実施に資するため、個人の権利利益の保護に配慮しつつ、国民に対し、地籍、土地の利用及び管理の状況、不動産市場の動向等の土地に関する情報を提供するように努めるよう改めるものとすること。（第十八条関係）

5　国は、地方公共団体が実施する土地に関する施策を支援するため、情報の提供その他必要な措置を講ずるように努めるものとすること。（第二十条関係）

五　土地に関する基本的な方針

1　政府は、土地についての基本理念にのっとり、土地に関する施策の総合的な推進を図るため、土地に関する基本的な方針（以下「土地基本方針」という。）を定めなければならないものとすること。

2　土地基本方針は、次に掲げる事項等について定めるものとすること。

(1)　四の1の(1)の計画の策定等に関する基本的事項

地の所有権又は当該土地の利用若しくは管理に必要な権原の取得に関する措置を講ずるように努めるよう改めるものとすること。

⑶　国及び地方公共団体は、⑴の措置を講ずるに当たっては、低未利用土地（居住の用、業務の用その他の用途に供されておらず、又はその利用の程度がその周辺の地域における同一の用途若しくはこれに類する用途に供されている土地の利用の程度に比し著しく劣っていると認められる土地をいう。）の適正な利用及び管理の促進に努めるものとすること。

⑷　国及び地方公共団体は、⑴の措置を講ずるに当たっては、所有者不明土地（相当な努力を払って探索を行ってもなおその所有者の全部又は一部を確知することができない土地をいう。）の発生の抑制及び解消並びに円滑な利用及び管理の確保が図られるように努めるものとすること。

（第十三条関係）

3　国及び地方公共団体は、円滑な土地の取引に資するため、不動産市場の整備に関する措置その他必要な措置を講ずるものとすること。

（第十四条関係）

4　調査の実施等

び管理を補完する取組を推進するための必要な措置を講ずるように努めるものとすること。

（第七条関係）

四　土地に関する基本的施策

1　土地の利用及び管理に関する計画の策定等

⑴　国及び地方公共団体は、適正かつ合理的な土地の利用及び管理を図るため、土地の利用及び管理に関する計画を策定するよう改めるものとすること。

⑵　⑴の場合において、地域の特性を考慮して、災害の防止を図るため特に必要があると認めるときは、⑴の計画を詳細に策定するものとすること。

（第十二条関係）

2　適正な土地の利用及び管理の確保を図るための措置

⑴　国及び地方公共団体は、適正な土地の利用及び管理の確保を図るため、土地の利用又は管理の規制又は誘導に関する措置を適切に講ずるとともに、1の⑴の計画に係る事業の用に供する土地の境界の明確化その他必要な措置を講ずるよう改めるものとすること。

⑵　国及び地方公共団体は、⑴の措置を講ずるに当たっては、公共事業の用に供する土地その他の土

る公共の利益の増進を図る活動により維持され、又は増加する場合には、土地所有者等に対し、その価値の維持又は増加に要する費用に応じて適切な負担が求められるものとすること。（第五条関係）

三　責務の見直し

1　土地所有者等の責務

⑴　土地所有者等は、土地についての基本理念にのっとり、土地の利用及び管理並びに取引を行う責務を有するものとすること。

⑵　土地の所有者は、⑴の責務を遂行するに当たっては、その所有する土地に関する登記手続その他の権利関係の明確化のための措置及び当該土地の所有権の境界の明確化のための措置を適切に講ずるように努めなければならないものとすること。

⑶　土地所有者等は、国又は地方公共団体が実施する土地に関する施策に協力しなければならないものとすること。（第六条関係）

2　国及び地方公共団体は、その責務を遂行するに当たっては、土地所有者等による適正な土地の利用及び管理を確保するため必要な措置並びに地域住民その他の土地所有者等以外の者による当該利用及

土地基本法等の一部を改正する法律案要綱

第一　土地基本法の一部改正

一　土地が有する効用の十分な発揮、現在及び将来における地域の良好な環境の確保並びに災害予防、災害応急対策、災害復旧及び災害からの復興に資する適正な土地の利用及び管理並びにこれらを促進するための土地の取引の円滑化及び適正な地価の形成に関する施策を総合的に推進し、もって地域の活性化及び安全で持続可能な社会の形成を図り、国民生活の安定向上と国民経済の健全な発展に寄与することを目的とするよう改めるものとすること。（第一条関係）

二　土地についての基本理念の見直し

1　土地は、その周辺地域の良好な環境の形成を図るとともに当該周辺地域への悪影響を防止する観点から、適正に利用し、又は管理されるものとすること。（第三条関係）

2　土地は、土地の所有者又は土地を使用収益する権原を有する者（以下「土地所有者等」という。）による適正な利用及び管理を促進する観点から、円滑に取引されるものとすること。（第四条関係）

3　土地の価値が地域住民その他の土地所有者等以外の者によるまちづくりの推進その他の地域におけ

理　由

所有者不明土地の増加や自然災害の頻発等により、適正な土地の管理の重要性が増大していることに鑑み、適正な土地の管理についての基本理念、土地所有者等の責務等を明らかにし、政府による土地基本方針の策定等について定めるとともに、同基本方針に即した国土調査の促進を図るため、令和二年度を初年度とする国土調査事業十箇年計画を策定し、あわせて、街区境界調査成果の取扱い及び地方公共団体による筆界特定の申請について定める等の措置を講ずる必要がある。これが、この法律案を提出する理由である。

限る。）、第四条の規定並びに附則第三項の規定　公布の日から起算して六月を超えない範囲内において政令で定める日

（国土調査法の一部改正に伴う経過措置）

2　前項第二号に掲げる規定の施行の日から同項第三号に掲げる規定の施行の日の前日までの間における第三条の規定による改正後の国土調査法第三十二条の三第一項の規定の適用については、同項中「不動産登記法」とあるのは、「不動産登記法（平成十六年法律第百二十三号）」とする。

（地方自治法の一部改正）

3　地方自治法（昭和二十二年法律第六十七号）の一部を次のように改正する。

別表第一国土調査法（昭和二十六年法律第百八十号）の項中「及び第二十条第一項」を「（第二十一条の二第六項において準用する場合を含む。）、第二十条第一項及び第二十一条の二第七項」に改める。

（施行期日）

1　この法律は、令和二年四月一日から施行する。ただし、次の各号に掲げる規定は、当該各号に定める日から施行する。

一　第一条の規定　公布の日

二　第三条中国土調査法第二十三条の三の次に二条を加える改正規定（同法第二十三条の五に係る部分に限る。）、同法第三十一条の次に一条を加える改正規定、同法第三十二条の二の次に一条を加える改正規定及び同法第三十七条第二号の改正規定並びに次項の規定　公布の日から起算して三月を超えない範囲内において政令で定める日

三　第三条中国土調査法の目次の改正規定（「第三十四条の二」を「第三十四条の三」に改める部分を除く。）、同法第四章の章名の改正規定、同法第十七条の改正規定、同法第十九条の見出しの改正規定、同条第一項及び第二項の改正規定、同法第二十条（見出しを含む。）の改正規定、同法第二十一条（見出しを含む。）の改正規定、同法第四章中第二十一条の次に一条を加える改正規定及び同法第三十四条の二を改め、同法第五章中同条を第三十四条の三とする改正規定（同法第三十四条の二を改める部分に

（権限の委任）

第三十四条の二　この法律に規定する国土交通大臣の権限は、国土交通省令で定めるところにより、その一部を地方整備局長又は北海道開発局長に委任することができる。

第三十七条第二号中「又は第二十三条」を「、第二十三条又は第二十三条の五」に改める。

（不動産登記法の一部改正）

第四条　不動産登記法（平成十六年法律第百二十三号）の一部を次のように改正する。

第百三十一条中第四項を第五項とし、第三項を第四項とし、第二項を第三項とし、第一項の次に次の一項を加える。

2　地方公共団体は、その区域内の対象土地の所有権登記名義人等のうちいずれかの者の同意を得たときは、筆界特定登記官に対し、当該対象土地の筆界（第十四条第一項の地図に表示されないものに限る。）について、筆界特定の申請をすることができる。

第百三十二条第一項第三号中「前条第二項」を「前条第三項」に改める。

附　則

4　前項の同意は、その所在が判明している者に対して求めれば足りる。

第三十二条の二の次に次の一条を加える。

（地籍調査を行う地方公共団体等による登記簿の附属書類等の閲覧請求の特例）

第三十二条の三　第五条第四項若しくは第六条第三項の規定による指定を受け、又は第六条の三第二項の規定により定められた事業計画に基づいて地籍調査を行う地方公共団体又は土地改良区等は、不動産登記法第百二十一条第二項ただし書の規定にかかわらず、当該地籍調査に係る土地に関する同項の登記簿の附属書類の閲覧を請求することができる。

2　前項に規定する地方公共団体又は土地改良区等は、不動産登記法第百四十九条第二項ただし書の規定にかかわらず、その行う地籍調査に係る土地に関する同項の筆界特定手続記録の閲覧を請求することができる。

第三十四条の二中「及び第二十条第一項」を「（第二十一条の二第六項において準用する場合を含む。）、第二十条第一項及び第二十一条の二第七項」に改め、第五章中同条を第三十四条の三とする。

第三十四条の次に次の一条を加える。

料の提出を求めることができる。

第三十一条の次に次の一条を加える。

（所有者等関係情報の利用及び提供）

第三十一条の二　都道府県知事又は市町村長は、国土調査の実施に必要な限度で、その保有する当該国土調査に係る土地の所有者その他の利害関係人の氏名又は名称、住所その他の所有者その他の利害関係人に関する情報（次項及び第三項において「所有者等関係情報」という。）を、その保有に当たつて特定された利用目的以外の目的のために内部で利用することができる。

2　国土調査を実施する者は、その実施のために必要がある場合においては、関係する地方公共団体の長その他の者に対して、当該国土調査に係る土地の所有者等関係情報の提供を求めることができる。

3　前項の求めを受けた者は、国の機関及び地方公共団体以外の者に対し所有者等関係情報を提供しようとするときは、あらかじめ、当該所有者等関係情報を提供することについて第一項に規定する所有者その他の利害関係人の同意を得なければならない。ただし、当該求めを受けた者が地方公共団体の長である場合において、当該地方公共団体の条例に特別の定めがあるときは、この限りでない。

10　都道府県知事又は市町村長は、前項において準用する前条第一項の規定により街区境界調査成果の写しの送付を受けた場合には、地籍調査以外の測量及び調査において街区境界調査成果に係る情報の活用が図られるよう、当該情報をインターネットの利用その他の適切な方法により公表することその他必要な措置を講ずるように努めるものとする。

第二十三条の三の次に次の二条を加える。

（国土交通大臣の援助）

第二十三条の四　国土交通大臣は、国土調査を行う者（第十条の規定により国土調査の実施を委託された者が国土調査を実施する場合にあつては、当該者を含む。）からの求めに応じて、必要な情報及び資料の提供、国土調査の実施に関する助言を行う者の派遣又はあつせんその他必要な援助を行うことができる。

（報告の徴収等）

第二十三条の五　国土調査を実施する者は、その実施のために必要がある場合においては、当該国土調査に係る土地の所有者その他の利害関係人に対し、当該国土調査の実施に必要な事項に関する報告又は資

6　第十九条第二項から第四項までの規定は、前項の認証の請求があつた場合について準用する。この場合において、これらの規定中「国土調査の成果」とあるのは、「街区境界調査成果」と読み替えるものとする。

7　国土交通大臣又は都道府県知事は、前項において準用する第十九条第二項の規定により街区境界調査成果を認証した場合においては、当該街区境界調査成果に係る土地の登記の事務をつかさどる登記所に、当該街区境界調査成果の写しを送付しなければならない。

8　登記所は、政令で定めるところにより、前項の規定により送付された街区境界調査成果の写しに基づいて、表題部所有者（不動産登記法（平成十六年法律第百二十三号）第二条第十号に規定する表題部所有者をいう。）又は所有権の登記名義人の氏名若しくは名称又は住所についての変更の登記又は更正の登記をしなければならない。

9　前条の規定は、第六項において準用する第十九条第二項の規定により街区境界調査成果が認証された場合について準用する。この場合において、前条中「国土調査の成果」とあるのは、「街区境界調査成果」と読み替えるものとする。

一部が所在する一筆又は二筆以上の土地（当該街区外にその全部が所在する土地（以下この項において「街区外土地」という。）に隣接する土地に限る。）について、その所有者及び地番の調査並びに当該一筆又は二筆以上の土地と街区外土地との境界に関する測量のみを先行して行い、その結果に基づいて地図及び簿冊を作成することができる。

2　前項の地図及び簿冊の様式は、政令で定める。

3　地方公共団体又は土地改良区等は、第一項の規定に基づき地図及び簿冊を作成したときは、遅滞なく、その旨を公告し、同項の調査及び測量が行われた市町村の事務所において、その公告の日から二十日間当該地図及び簿冊を一般の閲覧に供しなければならない。

4　第十七条第二項及び第三項並びに第十八条の規定は、前項の規定により閲覧に供された地図及び簿冊について準用する。

5　地方公共団体又は土地改良区等は、前項において準用する第十八条の規定により送付した地図及び簿冊（以下「街区境界調査成果」という。）について、都道府県にあつては国土交通大臣に、その他の者にあつては都道府県知事に、政令で定める手続により、その認証を請求することができる。

8　国土交通大臣又は事業所管大臣は、第五項の規定による指定をしたときは、遅滞なく、その旨を公告するとともに、関係都道府県知事に通知しなければならない。

第二十条の見出し中「成果」を「国土調査の成果」に改め、同条第一項中「成果の」を「国土調査の成果の」に改め、同条第二項中「による送付に係る地図及び簿冊」を「により送付された国土調査の成果の写し」に改め、同条第三項中「成果に基いて」を「国土調査の成果の写しに基づいて」に改める。

第二十一条の見出し中「成果」を「国土調査の成果」に改め、同条第一項中「成果の」を「国土調査の成果の」に改め、同条第二項中「写」を「写し」に改める。

第四章中第二十一条の次に次の一条を加える。

（街区境界調査成果に係る特例）

第二十一条の二　第五条第四項若しくは第六条第三項の規定による指定を受け、又は第六条の三第二項の規定により定められた事業計画に基づいて地籍調査を行う地方公共団体又は土地改良区等は、当該地籍調査を効率的に行うため必要があると認めるときは、一の街区（住居表示に関する法律（昭和三十七年法律第百十九号）第二条第一号に規定する街区をいう。以下この項において同じ。）内にその全部又は

「第三十四条の二」を「第三十四条の三」に改める。

第四章の章名を次のように改める。

第四章　国土調査の成果等の取扱い

第十七条第一項中「その結果に基いて」を「第二条第二項若しくは第五項に規定する調査及び測量又は同条第三項若しくは第四項に規定する調査の結果に基づいて」に、「当該調査を」を「当該国土調査を」に、「調査が」を「地籍調査が」に改め、同条第二項中「誤又は」を「誤り又は」に改める。

第十九条の見出し及び同条第一項中「成果」を「国土調査の成果」に改め、同条第二項中「その成果」を「その国土調査の成果」に改め、同条第五項中「当該」の下に「測量及び」を加え、同条第六項中「前項」を「第五項」に改め、同項を同条第七項とし、同条第五項の次に次の一項を加える。

6　国土調査を行う者は、国土調査の効率的な実施に資するため必要があると認めるときは、前項の規定による申請を当該測量及び調査を行つた者に代わつて行うことができる。この場合においては、あらかじめ、当該測量及び調査を行つた者の同意を得なければならない。

第十九条に次の一項を加える。

第一条中「及び」の下に「保全並びに」を加える。

第三条第一項中「及び」の下に「保全並びに」を加え、「平成二十二年度」を「令和二年度」に改め、同条中第六項を第七項とし、第五項を第六項とし、第四項を第五項とし、同条第三項中「には」の下に「、国土調査事業の迅速かつ効率的な実施を図るための措置に関する事項を定めるとともに」を加え、同項を同条第四項とし、同条中第二項を第三項とし、第一項の次に次の一項を加える。

2　国土調査事業十箇年計画は、土地基本法（平成元年法律第八十四号）第二十一条第一項の土地基本方針に即し、かつ、防災に関する施策、社会資本の効率的な整備に関する施策、都市の健全な発展と秩序ある整備に関する施策その他の関連する施策との連携が図られるとともに、国土調査事業の迅速かつ効率的な実施が確保されるように定めなければならない。

第四条中「第三条第五項」を「第三条第六項」に改める。

（国土調査法の一部改正）

第三条　国土調査法（昭和二十六年法律第百八十号）の一部を次のように改正する。

目次中「成果の取扱」を「国土調査の成果等の取扱い」に、「第二十一条」を「第二十一条の二」に、及び管理を確保するため必要な措置を講ずるように努めるとともに、地域住民その他の土地所有者等以外の者による当該利用及び管理を補完する取組を推進するため必要な措置を講ずるように努めるものとする。

第六条を第七条とし、第五条の次に次の一条を加える。

（土地所有者等の責務）

第六条　土地所有者等は、第二条から前条までに定める土地についての基本理念（以下「土地についての基本理念」という。）にのっとり、土地の利用及び管理並びに取引を行う責務を有する。

2　土地の所有者は、前項の責務を遂行するに当たっては、その所有する土地に関する登記手続その他の権利関係の明確化のための措置及び当該土地の所有権の境界の明確化のための措置を適切に講ずるように努めなければならない。

3　土地所有者等は、国又は地方公共団体が実施する土地に関する施策に協力しなければならない。

（国土調査促進特別措置法の一部改正）

第二条　国土調査促進特別措置法（昭和三十七年法律第百四十三号）の一部を次のように改正する。

3　国土交通大臣は、土地基本方針の案を作成し、閣議の決定を求めなければならない。
4　国土交通大臣は、前項の規定により土地基本方針の案を作成しようとするときは、あらかじめ、国民の意見を反映させるために必要な措置を講ずるとともに、国土審議会の意見を聴かなければならない。
5　国土交通大臣は、第三項の閣議の決定があったときは、直ちに、土地基本方針を告示しなければならない。
6　前三項の規定は、土地基本方針の変更について準用する。

第十条第一項中「地価、土地利用、土地取引」を「不動産市場、土地の利用及び管理」に改め、第一章中同条を第十一条とし、第九条を第十条とする。

第八条第一項中「及び」の下に「管理並びに」を加え、同条を第九条とする。

第七条第一項中「及び」の下に「管理並びに」を加え、同条を第八条とする。

第六条第一項中「第二条から前条までに定める土地についての基本理念（以下「」及び「」という。）」を削り、同条中第二項を第三項とし、第一項の次に次の一項を加える。

2　国及び地方公共団体は、前項の責務を遂行するに当たっては、土地所有者等による適正な土地の利用

第二章の次に次の一章を加える。

第三章　土地に関する基本的な方針

第二十一条　政府は、土地についての基本理念にのっとり、前章に定める土地の利用及び管理、土地の取引、土地の調査並びに土地に関する情報の提供に関する基本的施策その他の土地に関する施策の総合的な推進を図るため、土地に関する基本的な方針（以下この条において「土地基本方針」という。）を定めなければならない。

2　土地基本方針は、次に掲げる事項について定めるものとする。

一　第十二条第一項の計画の策定等に関する基本的事項

二　適正な土地の利用及び管理の確保を図るための措置に関する基本的事項

三　土地の取引に関する措置に関する基本的事項

四　土地に関する調査の実施及び資料の収集に関する措置並びに第十八条第二項に規定する土地に関する情報の提供に関する基本的事項

五　前各号に掲げるもののほか、土地に関する施策の総合的な推進を図るために必要な事項に類する用途に供されている土地の利用の程度に比し著しく劣っていると認められる土地をいう。以下この項において同じ。）に係る情報の提供、低未利用土地の取得の支援等低未利用土地の適正な利用及び管理の促進に努めるものとする。

5　国及び地方公共団体は、第一項の措置を講ずるに当たっては、所有者不明土地（相当な努力を払って探索を行ってもなおその所有者の全部又は一部を確知することができない土地をいう。）の発生の抑制及び解消並びに円滑な利用及び管理の確保が図られるように努めるものとする。

第十二条を第十三条とする。

第十一条の見出しを「（土地の利用及び管理に関する計画の策定等）」に改め、同条第一項中「土地利用を」を「土地の利用及び管理を」に、「土地利用の」を「土地の利用及び管理の」に、「土地利用に」を「土地の利用及び管理に」に改め、「（以下「土地利用計画」という。）」を削り、同条第二項中「特性を考慮して」の下に「、良好な環境の形成若しくは保全、災害の防止、」を加え、「、土地利用」を「又は土地利用」に改め、「又は良好な環境の形成若しくは保全」を削り、「土地利用計画」を「同項の計画」に改め、同条第四項中「土地利用計画」を「同項の計画」に改め、同条を第十二条とする。

国及び地方公共団体は、円滑な土地の取引に資するため、不動産市場の整備に関する措置その他必要な措置を講ずるものとする。

第十三条を第十四条とする。

第十二条の見出し中「土地利用」を「土地の利用及び管理」に改め、同条第一項中「は、土地利用計画」を「は、前条第一項の計画」に、「環境に」を「環境の形成又は保全、災害の防止、良好な環境に」に改め、「又は良好な環境の形成若しくは保全の確保」を削り、「土地利用の確保」を「土地の利用及び管理の確保」に、「土地利用の規制」を「土地の利用又は管理の規制又は誘導」に、「土地利用計画に係る事業の実施」を「同項の計画に係る事業の実施及び当該事業の用に供する土地の境界の明確化」に改め、同条第二項中「ため必要な公有地の拡大の推進等公共用地の確保」を「に当たっては、公共事業の用に供する土地その他の土地の所有権又は当該土地の利用若しくは管理に必要な権原の取得に関する措置を講ずるよう」に改め、同条第三項中「の促進」を削り、同条に次の二項を加える。

4　国及び地方公共団体は、第一項の措置を講ずるに当たっては、低未利用土地（居住の用、業務の用その他の用途に供されておらず、又はその利用の程度がその周辺の地域における同一の用途若しくはこれ公共の利益の増進を図る活動により維持され、又は増加する場合には、土地所有者等に対し、その価値の維持又は増加に要する費用に応じて適切な負担が求められるものとする。

第十九条の見出しを削り、同条を第二十二条とする。

第三章を第四章とする。

第二章中第十八条を第十九条とし、同条の次に次の一条を加える。

（地方公共団体に対する支援）

第二十条　国は、地方公共団体が実施する土地に関する施策を支援するため、情報の提供その他必要な措置を講ずるように努めるものとする。

第十七条中「土地の所有及び利用の状況、地価」を「地籍、土地の利用及び管理の状況、不動産市場」に改め、同条を第十八条とし、第十六条を第十七条とし、第十五条を第十六条とする。

第十四条中「土地に関する権利を有する者」を「土地所有者等」に改め、同条を第十五条とする。

第十三条の見出しを「（土地の取引に関する措置）」に改め、同条を同条第二項とし、同条に第一項として次の一項を加える。

び管理」に、「かんがみ」を「鑑み」に改める。

第三条の見出しを「（適正な利用及び管理等）」に改め、同条第一項中「利用される」を「利用し、又は管理される」に改め、同条第二項中「土地利用」を「土地の利用及び管理」に、「利用される」を「利用し、又は管理される」に改め、同項を同条第三項とし、同条第一項の次に次の一項を加える。
2　土地は、その周辺地域の良好な環境の形成を図るとともに当該周辺地域への悪影響を防止する観点から、適正に利用し、又は管理されるものとする。
第四条の見出しを「（円滑な取引等）」に改め、同条を同条第二項とし、同条に第一項として次の一項を加える。

土地は、土地の所有者又は土地を使用収益する権原を有する者（以下「土地所有者等」という。）による適正な利用及び管理を促進する観点から、円滑に取引されるものとする。

第五条の見出しを「（土地所有者等による適切な負担）」に改め、同条中「その土地に関する権利を有する者」を「土地所有者等」に改め、同条に次の一項を加える。
2　土地の価値が地域住民その他の土地所有者等以外の者によるまちづくりの推進その他の地域における

土地基本法等の一部を改正する法律

（土地基本法の一部改正）

第一条　土地基本法（平成元年法律第八十四号）の一部を次のように改正する。

目次中「第十条」を「第十一条」に、「第十一条―第十八条」を「第十二条―第二十条」に、「第三章　国土審議会の調査審議等（第十九条）」を

「第三章　土地に関する基本的な方針（第二十一条）
第四章　国土審議会の調査審議等（第二十二条）」

に改める。

第一条中「並びに」の下に「土地所有者等、」を加え、「適正な土地利用の確保を図りつつ正常な需給関係と適正な地価の形成を図るための土地対策」を「土地が有する効用の十分な発揮、現在及び将来における地域の良好な環境の確保並びに災害予防、災害応急対策、災害復旧及び災害からの復興に資する適正な土地の利用及び管理並びにこれらを促進するための土地の取引の円滑化及び適正な地価の形成に関する施策」に改め、「もって」の下に「地域の活性化及び安全で持続可能な社会の形成を図り、」を加える。

第二条中「その利用」及び「土地の利用」の下に「及び管理」を加え、「土地利用」を「土地の利用及

○　土地基本法（平成元年法律第八十四号）（抄）（第一条関係）

（傍線の部分は改正部分）

改正案	現行
目次 第一章　総則（第一条―第十一条） 第二章　土地に関する基本的施策（第十二条―第二十条） 第三章　土地に関する基本的な方針（第二十一条） 第四章　国土審議会の調査審議等（第二十二条） 附則	目次 第一章　総則（第一条―第十条） 第二章　土地に関する基本的施策（第十一条―第十八条） （新設） 第三章　国土審議会の調査審議等（第十九条） 附則
第一章　総則	第一章　総則
（目的） 第一条　この法律は、土地についての基本理念を定め、並びに土地所有者等、国、地方公共団体、事業者及び国民の土地についての基本理念に係る責務を明らかにするとともに、土地に関する施策の基本となる事項を定めることにより、土地が有する効用の十分な発揮、現在及び将来における地域の良好な環境の確保並びに災害予防、災害応急対策、災害復旧及び災害からの復興に資する適正な土地の利用及び管理並びにこれらを促進するための土地の取引の円滑化及び適正な地価の形成に関する施策を総合的に推進し、もって地域の活性化及び安全で持続可能な社会の形成を図り、国民生活の安定向上と国民経済の健全な発展に寄与することを目的とする。	（目的） 第一条　この法律は、土地についての基本理念を定め、並びに国、地方公共団体、事業者及び国民の土地についての基本理念に係る責務を明らかにするとともに、土地に関する施策の基本となる事項を定めることにより、適正な土地利用の確保を図りつつ正常な需給関係と適正な地価の形成を図るための土地対策を総合的に推進し、もって国民生活の安定向上と国民経済の健全な発展に寄与することを目的とする。
（土地についての公共の福祉優先） 第二条　土地は、現在及び将来における国民のための限られた貴重な資源であること、国民の諸活動にとって不可欠の基盤であること、その利用及び管理が他の土地の利用及び管理と密接な関係を有するもので	（土地についての公共の福祉優先） 第二条　土地は、現在及び将来における国民のための限られた貴重な資源であること、国民の諸活動にとって不可欠の基盤であること、その利用が他の土地の利用と密接な関係を有するものであること、その価

あること、その価値が主として人口及び産業の動向、土地の利用及び管理の動向、社会資本の整備状況その他の社会的経済的条件により変動するものであること等公共の利害に関係する特性を有していることに鑑み、土地については、公共の福祉を優先させるものとする。

（適正な利用及び管理等）

第三条　土地は、その所在する地域の自然的、社会的、経済的及び文化的諸条件に応じて適正に利用し、又は管理されるものとする。

２　土地は、その周辺地域の良好な環境の形成を図るとともに当該周辺地域への悪影響を防止する観点から、適正に利用し、又は管理されるものとする。

３　土地は、適正かつ合理的な土地の利用及び管理を図るため策定された土地の利用及び管理に関する計画に従って利用し、又は管理されるものとする。

（円滑な取引等）

第四条　土地は、土地の所有者又は土地を使用収益する権原を有する者（以下「土地所有者等」という。）による適正な利用及び管理を促進する観点から、円滑に取引されるものとする。

２　土地は、投機的取引の対象とされてはならない。

（土地所有者等による適切な負担）

第五条　土地の価値がその所在する地域における第二条に規定する社会的経済的条件の変化により増加する場合には、土地所有者等に対し、その価値の増加に伴う利益に応じて適切な負担が求められるものとする。

２　土地の価値が地域住民その他の土地所有者等以外の者によるまちづくりの推進その他の地域における公共の利益の増進を図る活動により維持され、又は増加する場合には、土地所有者等に対し、その価値の維持又は増加に要する費用に応じて適切な負担が求められるものとす

値が主として人口及び産業の動向、土地利用の動向、社会資本の整備状況その他の社会的経済的条件により変動するものであること等公共の利害に関係する特性を有していることにかんがみ、土地については、公共の福祉を優先させるものとする。

（適正な利用及び計画に従った利用）

第三条　土地は、その所在する地域の自然的、社会的、経済的及び文化的諸条件に応じて適正に利用されるものとする。

（新設）

２　土地は、適正かつ合理的な土地利用を図るため策定された土地利用に関する計画に従って利用されるものとする。

（投機的取引の抑制）

（新設）

第四条　土地は、投機的取引の対象とされてはならない。

（価値の増加に伴う利益に応じた適切な負担）

第五条　土地の価値がその所在する地域における第二条に規定する社会的経済的条件の変化により増加する場合には、その土地に関する権利を有する者に対し、その価値の増加に伴う利益に応じて適切な負担が求められるものとする。

（新設）

る。

（土地所有者等の責務）

第六条　土地所有者等は、第二条から前条までに定める土地についての基本理念（以下「土地についての基本理念」という。）にのっとり、土地の利用及び管理並びに取引を行う責務を有する。

２　土地の所有者は、前項の責務を遂行するに当たっては、その所有する土地に関する登記手続その他の権利関係の明確化のための措置及び当該土地の所有権の境界の明確化のための措置を適切に講ずるように努めなければならない。

３　土地所有者等は、国又は地方公共団体が実施する土地に関する施策に協力しなければならない。

（国及び地方公共団体の責務）

第七条　国及び地方公共団体は、土地についての基本理念にのっとり、土地に関する施策を総合的に策定し、及びこれを実施する責務を有する。

２　国及び地方公共団体は、前項の責務を遂行するに当たっては、土地所有者等による適正な土地の利用及び管理を確保するため必要な措置を講ずるように努めるとともに、地域住民その他の土地所有者等以外の者による当該利用及び管理を補完する取組を推進するため必要な措置を講ずるように努めるものとする。

３　（略）

（事業者の責務）

第八条　事業者は、土地の利用及び管理並びに取引（これを支援する行為を含む。）に当たっては、土地についての基本理念に従わなければならない。

２　（略）

（新設）

（国及び地方公共団体の責務）

第六条　国及び地方公共団体は、第二条から前条までに定める土地についての基本理念（以下「土地についての基本理念」という。）にのっとり、土地に関する施策を総合的に策定し、及びこれを実施する責務を有する。

（新設）

２　（略）

（事業者の責務）

第七条　事業者は、土地の利用及び取引（これを支援する行為を含む。）に当たっては、土地についての基本理念に従わなければならない。

２　（略）

（国民の責務）
第九条　国民は、土地の利用及び管理並びに取引に当たっては、土地についての基本理念を尊重しなければならない。
2　（略）
第十条　（略）
（年次報告等）
第十一条　政府は、毎年、国会に、不動産市場、土地の利用及び管理その他の土地に関する動向及び政府が土地に関して講じた基本的な施策に関する報告を提出しなければならない。
2・3　（略）

第二章　土地に関する基本的施策

（土地の利用及び管理に関する計画の策定等）
第十二条　国及び地方公共団体は、適正かつ合理的な土地の利用及び管理を図るため、人口及び産業の将来の見通し、土地の利用及び管理の動向その他の自然的、社会的、経済的及び文化的諸条件を勘案し、必要な土地の利用及び管理に関する計画を策定するものとする。
2　前項の場合において、国及び地方公共団体は、地域の特性を考慮して、良好な環境の形成若しくは保全、災害の防止、良好な環境に配慮した土地の高度利用又は土地利用の適正な転換を図るため特に必要があると認めるときは同項の計画を詳細に策定するものとし、地域における社会経済活動の広域的な展開を考慮して特に必要があると認めるときは同項の計画を広域の見地に配慮して策定するものとする。
3　（略）
4　国及び地方公共団体は、第一項に規定する諸条件の変化を勘案して必要があると認めるときは、同項の計画を変更するものとする。

（国民の責務）
第八条　国民は、土地の利用及び取引に当たっては、土地についての基本理念を尊重しなければならない。
2　（略）
第九条　（略）
（年次報告等）
第十条　政府は、毎年、国会に、地価、土地利用、土地取引その他の土地に関する動向及び政府が土地に関して講じた基本的な施策に関する報告を提出しなければならない。
2・3　（略）

第二章　土地に関する基本的施策

（土地利用計画の策定等）
第十一条　国及び地方公共団体は、適正かつ合理的な土地利用を図るため、人口及び産業の将来の見通し、土地利用の動向その他の自然的、社会的、経済的及び文化的諸条件を勘案し、必要な土地利用に関する計画（以下「土地利用計画」という。）を策定するものとする。
2　前項の場合において、国及び地方公共団体は、地域の特性を考慮して良好な環境に配慮した土地の高度利用、土地利用の適正な転換又は良好な環境の形成若しくは保全を図るため特に必要があると認めるときは土地利用計画を詳細に策定するものとし、地域における社会経済活動の広域的な展開を考慮して特に必要があると認めるときは土地利用計画を広域の見地に配慮して策定するものとする。
3　（略）
4　国及び地方公共団体は、第一項に規定する諸条件の変化を勘案して必要があると認めるときは、土地利用計画を変更するものとする。

（適正な土地の利用及び管理の確保を図るための措置）

第十三条　国及び地方公共団体は、前条第一項の計画に従って行われる良好な環境の形成又は保全、災害の防止、良好な環境に配慮した土地の高度利用、土地利用の適正な転換その他適正な土地の利用及び管理の確保を図るため、土地の利用又は管理の規制又は誘導に関する措置を適切に講ずるとともに、同項の計画に係る事業の実施及び当該事業の用に供する土地の境界の明確化その他必要な措置を講ずるものとする。

2　国及び地方公共団体は、前項の措置を講ずるに当たっては、公共事業の用に供する土地その他の土地の所有権又は当該土地の利用若しくは管理に必要な権原の取得に関する措置を講ずるように努めるものとする。

3　国及び地方公共団体は、第一項の措置を講ずるに当たっては、需要に応じた宅地の供給が図られるように努めるものとする。

4　国及び地方公共団体は、第一項の措置を講ずるに当たっては、低未利用土地（居住の用、業務の用その他の用途に供されておらず、又はその利用の程度がその周辺の地域における同一の用途若しくはこれに類する用途に供されている土地の利用の程度に比し著しく劣っていると認められる土地をいう。以下この項において同じ。）に係る情報の提供、低未利用土地の取得の支援等低未利用土地の適正な利用及び管理の促進に努めるものとする。

5　国及び地方公共団体は、第一項の措置を講ずるに当たっては、所有者不明土地（相当な努力を払って探索を行ってもなおその所有者の全部又は一部を確知することができない土地をいう。）の発生の抑制及び解消並びに円滑な利用及び管理の確保が図られるように努めるものとする。

（土地の取引に関する措置）

第十四条　国及び地方公共団体は、円滑な土地の取引に資するため、不

（適正な土地利用の確保を図るための措置）

第十二条　国及び地方公共団体は、土地利用計画に従って行われる良好な環境に配慮した土地の高度利用、土地利用の適正な転換又は良好な環境の形成若しくは保全の確保その他適正な土地利用の確保を図るため、土地利用の規制に関する措置を適切に講ずるとともに、土地利用計画に係る事業の実施その他必要な措置を講ずるものとする。

2　国及び地方公共団体は、前項の措置を講ずるため必要な公有地の拡大の推進等公共用地の確保に努めるものとする。

3　国及び地方公共団体は、第一項の措置を講ずるに当たっては、需要に応じた宅地の供給の促進が図られるように努めるものとする。

（新設）

（新設）

（土地取引の規制等に関する措置）

（新設）

動産市場の整備に関する措置その他必要な措置を講ずるものとする。

2　国及び地方公共団体は、土地の投機的取引及び地価の高騰が国民生活に及ぼす弊害を除去し、適正な地価の形成に資するため、土地取引の規制に関する措置その他必要な措置を講ずるものとする。

（社会資本の整備に関連する利益に応じた適切な負担）

第十五条　国及び地方公共団体は、社会資本の整備に関連して土地所有者等が著しく利益を受けることとなる場合において、地域の特性等を勘案して適切であると認めるときは、その利益に応じてその社会資本の整備についての適切な負担を課するための必要な措置を講ずるものとする。

第十六条・第十七条　（略）

（調査の実施等）

第十八条　国及び地方公共団体は、土地に関する施策の総合的かつ効率的な実施を図るため、地籍、土地の利用及び管理の状況、不動産市場の動向等に関し、調査を実施し、資料を収集する等必要な措置を講ずるものとする。

2　国及び地方公共団体は、土地に関する施策の円滑な実施に資するため、個人の権利利益の保護に配慮しつつ、国民に対し、地籍、土地の利用及び管理の状況、不動産市場の動向等の土地に関する情報を提供するように努めるものとする。

第十九条　（略）

（地方公共団体に対する支援）

第二十条　国は、地方公共団体が実施する土地に関する施策を支援するため、情報の提供その他必要な措置を講ずるように努めるものとする。

第十三条　国及び地方公共団体は、土地の投機的取引及び地価の高騰が国民生活に及ぼす弊害を除去し、適正な地価の形成に資するため、土地取引の規制に関する措置その他必要な措置を講ずるものとする。

（社会資本の整備に関連する利益に応じた適切な負担）

第十四条　国及び地方公共団体は、社会資本の整備に関連して土地に関する権利を有する者が著しく利益を受けることとなる場合において、地域の特性等を勘案して適切であると認めるときは、その利益に応じてその社会資本の整備についての適切な負担を課するための必要な措置を講ずるものとする。

第十五条・第十六条　（略）

（調査の実施等）

第十七条　国及び地方公共団体は、土地に関する施策の総合的かつ効率的な実施を図るため、土地の所有及び利用の状況、地価の動向等に関し、調査を実施し、資料を収集する等必要な措置を講ずるものとする。

2　国及び地方公共団体は、土地に関する施策の円滑な実施に資するため、個人の権利利益の保護に配慮しつつ、国民に対し、土地の所有及び利用の状況、地価の動向等の土地に関する情報を提供するように努めるものとする。

第十八条　（略）

（新設）

第三章　土地に関する基本的な方針

第二十一条　政府は、土地についての基本理念にのっとり、前章に定める土地の利用及び管理、土地の取引、土地の調査並びに土地に関する情報の提供に関する基本的施策その他の土地に関する施策の総合的な推進を図るため、土地に関する基本的な方針（以下この条において「土地基本方針」という。）を定めなければならない。

2　土地基本方針は、次に掲げる事項について定めるものとする。

一　第十二条第一項の計画の策定等に関する基本的事項

二　適正な土地の利用及び管理の確保を図るための措置に関する基本的事項

三　土地の取引に関する措置に関する基本的事項

四　土地に関する調査の実施及び資料の収集に関する措置並びに第十八条第二項に規定する土地に関する情報の提供に関する基本的事項

五　前各号に掲げるもののほか、土地に関する施策の総合的な推進を図るために必要な事項

3　国土交通大臣は、土地基本方針の案を作成し、閣議の決定を求めなければならない。

4　国土交通大臣は、前項の規定により土地基本方針の案を作成しようとするときは、あらかじめ、国民の意見を反映させるために必要な措置を講ずるとともに、国土審議会の意見を聴かなければならない。

5　国土交通大臣は、第三項の閣議の決定があったときは、直ちに、土地基本方針を告示しなければならない。

6　前三項の規定は、土地基本方針の変更について準用する。

第四章　国土審議会の調査審議等

第二十二条　（略）

（新設）

（新設）

第三章　国土審議会の調査審議等

（国土審議会の調査審議等）

第十九条　（略）

○　国土調査促進特別措置法（昭和三十七年法律第百四十三号）（抄）（第二条関係）

（傍線の部分は改正部分）

改正案	現行
（目的）	（目的）
第一条　この法律は、国土の開発及び保全並びにその利用の高度化に資するため、国土調査事業の緊急かつ計画的な実施の促進を図り、もって国民経済の健全な発展に寄与することを目的とする。	第一条　この法律は、国土の開発及びその利用の高度化に資するため、国土調査事業の緊急かつ計画的な実施の促進を図り、もって国民経済の健全な発展に寄与することを目的とする。
（国土調査事業十箇年計画）	（国土調査事業十箇年計画）
第三条　国土交通大臣は、国土審議会の意見を聴いて、国土の総合的な開発及び保全並びにその利用の高度化に資するため緊急に国土調査事業を実施する必要があると認める地域について、令和二年度以降の十箇年間に実施すべき国土調査事業に関する計画（以下「国土調査事業十箇年計画」という。）の案を作成し、閣議の決定を求めなければならない。	第三条　国土交通大臣は、国土審議会の意見を聴いて、国土の総合的な開発及びその利用の高度化に資するため緊急に国土調査事業を実施する必要があると認める地域について、平成二十二年度以降の十箇年間に実施すべき国土調査事業に関する計画（以下「国土調査事業十箇年計画」という。）の案を作成し、閣議の決定を求めなければならない。
２　国土調査事業十箇年計画は、土地基本法（平成元年法律第八十四号）第二十一条第一項の土地基本方針に即し、かつ、防災に関する施策、社会資本の効率的な整備に関する施策、都市の健全な発展と秩序ある整備に関する施策その他の関連する施策との連携が図られるとともに、国土調査事業の迅速かつ効率的な実施が確保されるように定めなければならない。	（新設）
３　（略）	２　（略）
４　国土調査事業十箇年計画には、国土調査事業の迅速かつ効率的な実施を図るための措置に関する事項を定めるとともに、政令で定めるところにより、十箇年間に実施すべき国土調査事業の量を定めなければならない。	３　国土調査事業十箇年計画には、政令で定めるところにより、十箇年間に実施すべき国土調査事業の量を定めなければならない。
５～７　（略）	４～６　（略）

（国土調査法の適用）

第四条　国土調査事業十箇年計画に基づいて実施する国土調査事業については、この法律に定めるものを除くほか、国土調査法の規定の適用があるものとする。この場合において、国土調査事業十箇年計画に基づいて実施する第二条第二号に規定する地籍調査に関しては、同法第六条の三第一項中「前条第一項」とあるのは「国土調査促進特別措置法（昭和三十七年法律第百四十三号）第三条第六項」と、「特定計画」とあるのは「国土調査事業十箇年計画」と読み替えて、同条の規定及び同条に係る国土調査法の規定を適用する。

（国土調査法の適用）

第四条　国土調査事業十箇年計画に基づいて実施する国土調査事業については、この法律に定めるものを除くほか、国土調査法の規定の適用があるものとする。この場合において、国土調査事業十箇年計画に基づいて実施する第二条第二号に規定する地籍調査に関しては、同法第六条の三第一項中「前条第一項」とあるのは「国土調査促進特別措置法（昭和三十七年法律第百四十三号）第三条第五項」と、「特定計画」とあるのは「国土調査事業十箇年計画」と読み替えて、同条の規定及び同条に係る国土調査法の規定を適用する。

○　国土調査法（昭和二十六年法律第百八十号）（抄）（第三条関係）

（傍線の部分は改正部分）

改正案

目次

第一章～第三章　（略）

第四章　国土調査の成果等の取扱い（第十七条―第二十一条の二）

第五章　雑則（第二十二条―第三十四条の三）

第六章　（略）

附則

第四章　国土調査の成果等の取扱い

（地図及び簿冊の閲覧）

第十七条　国土調査を行つた者は、第二条第二項若しくは第五項に規定する調査及び測量又は同条第三項若しくは第四項に規定する調査の結果に基づいて地図及び簿冊を作成した場合においては、遅滞なく、その旨を公告し、当該国土調査を行つた者の事務所（地籍調査にあつては、当該地籍調査が行われた市町村の事務所）において、その公告の日から二十日間当該地図及び簿冊を一般の閲覧に供しなければならない。

2　前項の規定により一般の閲覧に供された地図及び簿冊に測量若しくは調査上の誤り又は政令で定める限度以上の誤差があると認める者は、同項の期間内に、当該国土調査を行つた者に対して、その旨を申し出ることができる。

3　（略）

（国土調査の成果の認証）

第十九条　国土調査を行つた者は、前条の規定により送付した地図及び

現行

目次

第一章～第三章　（略）

第四章　成果の取扱（第十七条―第二十一条）

第五章　雑則（第二十二条―第三十四条の二）

第六章　（略）

附則

第四章　成果の取扱

（地図及び簿冊の閲覧）

第十七条　国土調査を行つた者は、その結果に基いて地図及び簿冊を作成した場合においては、遅滞なく、その旨を公告し、当該調査を行つた者の事務所（地籍調査にあつては、当該調査が行われた市町村の事務所）において、その公告の日から二十日間当該地図及び簿冊を一般の閲覧に供しなければならない。

2　前項の規定により一般の閲覧に供された地図及び簿冊に測量若しくは調査上の誤又は政令で定める限度以上の誤差があると認める者は、同項の期間内に、当該国土調査を行つた者に対して、その旨を申し出ることができる。

3　（略）

（成果の認証）

第十九条　国土調査を行つた者は、前条の規定により送付した地図及び

簿冊（以下「国土調査の成果」という。）について、それぞれ、国の機関及び第五条第四項の規定による指定を受け又は第六条の三第二項の規定により定められた事業計画に基づいて国土調査を行う都道府県にあつては国土交通大臣に、第八条第一項の勧告に基づいて国土調査を行う者にあつては事業所管大臣に、その他の者にあつては都道府県知事に、政令で定める手続により、その認証を請求することができる。

2　国土交通大臣、事業所管大臣又は都道府県知事は、前項の規定による請求を受けた場合においては、当該請求に係る国土調査の成果の審査の結果に基づいて、その国土調査の成果に測量若しくは調査上の誤り又は政令で定める限度以上の誤差がある場合を除くほか、その国土調査の成果を認証しなければならない。

3・4　（略）

5　国土調査以外の測量及び調査を行つた者が当該測量及び調査の結果作成された地図及び簿冊について政令で定める手続により国土調査の成果としての認証を申請した場合においては、国土交通大臣又は事業所管大臣は、これらの地図及び簿冊が第二項の規定により認証を受けた国土調査の成果と同等以上の精度又は正確さを有すると認めたときは、これらを同項の規定によつて認証された国土調査の成果と同一の効果があるものとして指定することができる。

6　国土調査を行う者は、国土調査の効率的な実施に資するため必要があると認めるときは、前項の規定による申請を当該測量及び調査を行つた者に代わつて行うことができる。この場合においては、あらかじめ、当該測量及び調査を行つた者の同意を得なければならない。

7　事業所管大臣は、第五項の規定による指定をする場合においては、あらかじめ、国土交通大臣の承認を得なければならない。

8　国土交通大臣又は事業所管大臣は、第五項の規定による指定をしたときは、遅滞なく、その旨を公告するとともに、関係都道府県知事に通知しなければならない。

簿冊（以下「成果」という。）について、それぞれ、国の機関及び第五条第四項の規定による指定を受け又は第六条の三第二項の規定により定められた事業計画に基づいて国土調査を行う都道府県にあつては国土交通大臣に、第八条第一項の勧告に基づいて国土調査を行う者にあつては事業所管大臣に、その他の者にあつては都道府県知事に、政令で定める手続により、その認証を請求することができる。

2　国土交通大臣、事業所管大臣又は都道府県知事は、前項の規定による請求を受けた場合においては、当該請求に係る国土調査の成果の審査の結果に基づいて、その成果に測量若しくは調査上の誤り又は政令で定める限度以上の誤差がある場合を除くほか、その成果を認証しなければならない。

3・4　（略）

5　国土調査以外の測量及び調査を行つた者が当該調査の結果作成された地図及び簿冊について政令で定める手続により国土調査の成果としての認証を申請した場合においては、国土交通大臣又は事業所管大臣は、これらの地図及び簿冊が第二項の規定により認証を受けた国土調査の成果と同等以上の精度又は正確さを有すると認めたときは、これらを同項の規定によつて認証された国土調査の成果と同一の効果があるものとして指定することができる。

（新設）

6　事業所管大臣は、前項の規定による指定をする場合においては、あらかじめ、国土交通大臣の承認を得なければならない。

（新設）

（国土調査の成果の写しの送付等）
第二十条　国土交通大臣、事業所管大臣又は都道府県知事は、前条第二項の規定により国土調査の成果を認証した場合又は同条第五項の規定により指定をした場合においては、地籍調査にあつては当該調査に係る土地の登記の事務をつかさどる登記所に、その他の国土調査にあつては政令で定める台帳を備える者に、それぞれ当該国土調査の成果の写しを送付しなければならない。
2　登記所又は前項の台帳を備える者は、政令で定めるところにより、同項の規定により送付された国土調査の成果の写しに基づいて、土地の表示に関する登記及び所有権の登記名義人の氏名若しくは名称若しくは住所についての変更の登記若しくは更正の登記をし、又は同項の台帳の記載を改めなければならない。
3　前項の場合において、地籍調査が第三十二条の規定により行われたときは、登記所は、その国土調査の成果の写しに基づいて分筆又は合筆の登記をしなければならない。

（国土調査の成果の保管）
第二十一条　国土交通大臣、事業所管大臣又は都道府県知事は、第十九条第二項の規定により国土調査の成果を認証した場合においては、その国土調査の成果の写しを、それぞれ当該都道府県知事又は市町村長に、送付しなければならない。
2　都道府県知事又は市町村長は、前項の規定により送付された国土調査の成果の写しを保管し、一般の閲覧に供しなければならない。

（街区境界調査成果に係る特例）
第二十一条の二　第五条第四項若しくは第六条第三項の規定による指定を受け、又は第六条の三第二項の規定により定められた事業計画に基づいて地籍調査を行う地方公共団体又は土地改良区等は、当該地籍調査を効率的に行うため必要があると認めるときは、一の街区（住居表示に関する法律（昭和三十七年法律第百十九号）第二条第一号に規定

（成果の写しの送付等）
第二十条　国土交通大臣、事業所管大臣又は都道府県知事は、前条第二項の規定により国土調査の成果を認証した場合又は同条第五項の規定により指定をした場合においては、地籍調査にあつては当該調査に係る土地の登記の事務をつかさどる登記所に、その他の国土調査にあつては政令で定める台帳を備える者に、それぞれ当該成果の写しを送付しなければならない。
2　登記所又は前項の台帳を備える者は、政令で定めるところにより、同項の規定による送付に係る地図及び簿冊に基づいて、土地の表示に関する登記及び所有権の登記名義人の氏名若しくは名称若しくは住所についての変更の登記若しくは更正の登記をし、又は同項の台帳の記載を改めなければならない。
3　前項の場合において、地籍調査が第三十二条の規定により行われたときは、登記所は、その成果に基いて分筆又は合筆の登記をしなければならない。

（成果の保管）
第二十一条　国土交通大臣、事業所管大臣又は都道府県知事は、第十九条第二項の規定により国土調査の成果を認証した場合においては、その成果の写しを、それぞれ当該都道府県知事又は市町村長に、送付しなければならない。
2　都道府県知事又は市町村長は、前項の規定により送付された国土調査の成果の写を保管し、一般の閲覧に供しなければならない。

（新設）

する街区をいう。以下この項において同じ。）内にその全部又は一部が所在する一筆又は二筆以上の土地（当該街区外にその全部が所在する土地（以下この項において「街区外土地」という。）に隣接する土地に限る。）について、その所有者及び地番の調査並びに当該一筆又は二筆以上の土地と街区外土地との境界に関する測量のみを先行して行い、その結果に基づいて地図及び簿冊を作成することができる。

2　前項の地図及び簿冊の様式は、政令で定める。

3　地方公共団体又は土地改良区等は、第一項の規定に基づき地図及び簿冊を作成したときは、遅滞なく、その旨を公告し、同項の調査及び測量が行われた市町村の事務所において、その公告の日から二十日間当該地図及び簿冊を一般の閲覧に供しなければならない。

4　第十七条第二項及び第三項並びに第十八条の規定は、前項の規定により閲覧に供された地図及び簿冊について準用する。

5　地方公共団体又は土地改良区等は、前項において準用する第十八条の規定により送付した地図及び簿冊（以下「街区境界調査成果」という。）について、都道府県にあつては国土交通大臣に、その他の者にあつては都道府県知事に、政令で定める手続により、その認証を請求することができる。

6　第十九条第二項から第四項までの規定は、前項の認証の請求があつた場合について準用する。この場合において、これらの規定中「国土調査の成果」とあるのは、「街区境界調査成果」と読み替えるものとする。

7　国土交通大臣又は都道府県知事は、前項において準用する第十九条第二項の規定により街区境界調査成果を認証した場合においては、当該街区境界調査成果に係る土地の登記の事務をつかさどる登記所に、当該街区境界調査成果の写しを送付しなければならない。

8　登記所は、政令で定めるところにより、前項の規定により送付された街区境界調査成果の写しに基づいて、表題部所有者（不動産登記法（平成十六年法律第百二十三号）第二条第十号に規定する表題部所有者をいう。）又は所有権の登記名義人の氏名若しくは名称又は住所に

ついての変更の登記又は更正の登記をしなければならない。

9 前条の規定は、第六項において準用する第十九条第二項の規定により街区境界調査成果が認証された場合について準用する。この場合において、前条中「国土調査の成果」とあるのは、「街区境界調査成果」と読み替えるものとする。

10 都道府県知事又は市町村長は、前項において準用する前条第一項の規定により街区境界調査成果の写しの送付を受けた場合には、地籍調査以外の測量及び調査において街区境界調査成果に係る情報の活用が図られるよう、当該情報をインターネットの利用その他の適切な方法により公表することその他必要な措置を講ずるように努めるものとする。

（国土交通大臣の援助）

第二十三条の四 国土交通大臣は、国土調査を行う者（第十条の規定により国土調査の実施を委託された者が国土調査を実施する場合にあつては、当該者を含む。）からの求めに応じて、必要な情報及び資料の提供、国土調査の実施に関する助言を行う者の派遣又はあつせんその他必要な援助を行うことができる。

（新設）

（報告の徴収等）

第二十三条の五 国土調査を実施する者は、その実施のために必要がある場合においては、当該国土調査に係る土地の所有者その他の利害関係人に対し、当該国土調査の実施に必要な事項に関する報告又は資料の提出を求めることができる。

（新設）

（所有者等関係情報の利用及び提供）

第三十一条の二 都道府県知事又は市町村長は、国土調査の実施に必要な限度で、その保有する当該国土調査に係る土地の所有者その他の利害関係人の氏名又は名称、住所その他の所有者その他の利害関係人に関する情報（次項及び第三項において「所有者等関係情報」という。）

（新設）

）を、その保有に当たつて特定された利用目的以外の目的のために内部で利用することができる。

2 国土調査を実施する者は、その実施のために必要がある場合においては、関係する地方公共団体の長その他の者に対して、当該国土調査に係る土地の所有者等関係情報の提供を求めることができる。

3 前項の求めを受けた者は、国の機関及び地方公共団体以外の者に対し所有者等関係情報を提供しようとするときは、あらかじめ、当該所有者等関係情報を提供することについて第一項に規定する所有者その他の利害関係人の同意を得なければならない。ただし、当該求めを受けた者が地方公共団体の長である場合において、当該地方公共団体の条例に特別の定めがあるときは、この限りでない。

4 前項の同意は、その所在が判明している者に対して求めれば足りる。

（地籍調査を行う地方公共団体等による登記簿の附属書類等の閲覧請求の特例）

第三十二条の三 第五条第四項若しくは第六条第三項の規定による指定を受け、又は第六条の三第二項の規定により定められた事業計画に基づいて地籍調査を行う地方公共団体又は土地改良区等は、不動産登記法第百二十一条第二項ただし書の規定にかかわらず、当該地籍調査に係る土地に関する同項の登記簿の附属書類の閲覧を請求することができる。

2 前項に規定する地方公共団体又は土地改良区等は、不動産登記法第百四十九条第二項ただし書の規定にかかわらず、その行う地籍調査に係る土地に関する同項の筆界特定手続記録の閲覧を請求することができる。

（新設）

（権限の委任）

第三十四条の二 この法律に規定する国土交通大臣の権限は、国土交通省令で定めるところにより、その一部を地方整備局長又は北海道開発

（新設）

局長に委任することができる。 （事務の区分） 第三十四条の三　第十九条第二項から第四項まで（第二十一条の二第六項において準用する場合を含む。）、第二十条第一項及び第二十一条の二第七項の規定により都道府県が処理することとされている事務は、地方自治法（昭和二十二年法律第六十七号）第二条第九項第一号に規定する第一号法定受託事務とする。 第三十七条　次の各号のいずれかに該当する者は、三十万円以下の罰金に処する。 一　（略） 二　第二十二条の二、第二十三条又は第二十三条の五の規定により報告又は資料の提出を求められた場合において、報告若しくは資料の提出をせず、又は虚偽の記載をした報告をし、若しくは虚偽の資料の提出をした者 三～六　（略）
（事務の区分） 第三十四条の二　第十九条第二項から第四項まで及び第二十条第一項の規定により都道府県が処理することとされている事務は、地方自治法（昭和二十二年法律第六十七号）第二条第九項第一号に規定する第一号法定受託事務とする。 第三十七条　次の各号のいずれかに該当する者は、三十万円以下の罰金に処する。 一　（略） 二　第二十二条の二又は第二十三条の規定により報告又は資料の提出を求められた場合において、報告若しくは資料の提出をせず、又は虚偽の記載をした報告をし、若しくは虚偽の資料の提出をした者 三～六　（略）

○　不動産登記法（平成十六年法律第百二十三号）（抄）（第四条関係）

（傍線の部分は改正部分）

改正案	現行
（筆界特定の申請） 第百三十一条　（略） 2　地方公共団体は、その区域内の対象土地の所有権登記名義人等のうちいずれかの者の同意を得たときは、筆界特定登記官に対し、当該対象土地の筆界（第十四条第一項の地図に表示されないものに限る。）について、筆界特定の申請をすることができる。 3～5　（略） （申請の却下） 第百三十二条　（略） 一・二　（略） 三　申請が前条第三項の規定に違反するとき。 四～九　（略） 2　（略）	（筆界特定の申請） 第百三十一条　（略） （新設） 2～4　（略） （申請の却下） 第百三十二条　（略） 一・二　（略） 三　申請が前条第二項の規定に違反するとき。 四～九　（略） 2　（略）

○　地方自治法（昭和二十二年法律第六十七号）（抄）（附則第三項関係）

（傍線の部分は改正部分）

改正案

別表第一　第一号法定受託事務（第二条関係）

備考　この表の下欄の用語の意義及び字句の意味は、上欄に掲げる法律における用語の意義及び字句の意味によるものとする。

法律	事務
（略）	（略）
国土調査法（昭和二十六年法律第百八十号）	第十九条第二項から第四項まで（第二十一条の二第六項において準用する場合を含む。）、第二十条第一項及び第二十一条の二第七項の規定により都道府県が処理することとされている事務
（略）	（略）

現行

別表第一　第一号法定受託事務（第二条関係）

備考　この表の下欄の用語の意義及び字句の意味は、上欄に掲げる法律における用語の意義及び字句の意味によるものとする。

法律	事務
（略）	（略）
国土調査法（昭和二十六年法律第百八十号）	第十九条第二項から第四項まで及び第二十条第一項の規定により都道府県が処理することとされている事務
（略）	（略）

土地基本法等の一部を改正する法律案新旧対照条文

○地方自治法（昭和二十二年法律第六十七号）（抄）

第二条　（略）
②～⑧　（略）
⑨　この法律において「法定受託事務」とは、次に掲げる事務をいう。
一　法律又はこれに基づく政令により都道府県、市町村又は特別区が処理することとされる事務のうち、国が本来果たすべき役割に係るものであつて、国においてその適正な処理を特に確保する必要があるものとして法律又はこれに基づく政令に特に定めるもの（以下「第一号法定受託事務」という。）
二　（略）
⑩～⑰　（略）

別表第一　第一号法定受託事務（第二条関係）
備考　この表の下欄の用語の意義及び字句の意味は、上欄に掲げる法律における用語の意義及び字句の意味によるものとする。

（略）	（略）
国土調査法（昭和二十六年法律第百八十号）	第十九条第二項から第四項まで及び第二十条第一項の規定により都道府県が処理することとされている事務
（略）	（略）

○住居表示に関する法律（昭和三十七年法律第百十九号）（抄）

（住居表示の原則）
第二条　市街地にある住所若しくは居所又は事務所、事業所その他これらに類する施設の所在する場所（以下「住居」という。）を表示するには、都道府県、郡、市（特別区を含む。以下同じ。）、区（地方自治法（昭和二十二年法律第六十七号）第二百五十二条の二十の区及び同法第二百五十二条の二十の二の総合区をいう。）及び町村の名称を冠するほか、次の各号のいずれかの方法によるものとする。
一　街区方式　市町村内の町又は字の名称並びに当該町又は字の区域を道路、鉄道若しくは軌道の線路その他の恒久的な施設又は河川、水路等によつて区画した場合におけるその区画された地域（以下「街区」という。）につけられる符号（以下「街区符号」という。）及び当該街区内にある建物その他の工作物につけられる住居表示のための番号（以下「住居番号」という。）を用いて表示する方法をいう。
二　（略）

り表示したもの）の閲覧を請求することができる。ただし、前項の図面以外のものについては、請求人が利害関係を有する部分に限る。
3　（略）

（筆界特定の申請）
第百三十一条　（略）
2　筆界特定の申請は、次に掲げる事項を明らかにしてしなければならない。
一　申請の趣旨
二　筆界特定の申請人の氏名又は名称及び住所
三　対象土地に係る第三十四条第一項第一号及び第二号に掲げる事項（表題登記がない土地にあっては、同項第一号に掲げる事項）
四　対象土地について筆界特定を必要とする理由
五　前各号に掲げるもののほか、法務省令で定める事項
3　筆界特定の申請人は、政令で定めるところにより、手数料を納付しなければならない。
4　第十八条の規定は、筆界特定の申請について準用する。この場合において、同条中「不動産を識別するために必要な事項、申請人の氏名又は名称、登記の目的その他の登記の申請に必要な事項として政令で定める情報（以下「申請情報」という。）」とあるのは「第百三十一条第二項各号に掲げる事項に係る情報（第二号、第百三十二条第一項第四号及び第百五十条において「筆界特定申請情報」という。）」と、「登記所」とあるのは「法務局又は地方法務局」と、同条第二号中「申請情報」とあるのは「筆界特定申請情報」と読み替えるものとする。

（申請の却下）
第百三十二条　筆界特定登記官は、次に掲げる場合には、理由を付した決定で、筆界特定の申請を却下しなければならない。ただし、当該申請の不備が補正することができるものである場合において、筆界特定登記官が定めた相当の期間内に、筆界特定の申請人がこれを補正したときは、この限りでない。
一・二　（略）
三　申請が前条第二項の規定に違反するとき。
四～九　（略）
2　（略）

（筆界特定書等の写しの交付等）
第百四十九条　（略）
2　何人も、登記官に対し、手数料を納付して、筆界特定手続記録（電磁的記録にあっては、記録された情報の内容を法務省令で定める方法により表示したもの）の閲覧を請求することができる。ただし、筆界特定書等以外のものについては、請求人が利害関係を有する部分に限る。
3　（略）

3　前項の場合において、地籍調査が第三十二条の規定により行われたときは、登記所は、その成果に基いて分筆又は合筆の登記をしなければならない。

（成果の保管）
第二十一条　国土交通大臣、事業所管大臣又は都道府県知事は、第十九条第二項の規定により国土調査の成果を認証した場合においては、その成果の写しを、それぞれ当該都道府県知事又は市町村長に、送付しなければならない。
2　都道府県知事又は市町村長は、前項の規定により送付された国土調査の成果の写を保管し、一般の閲覧に供しなければならない。

（事務の区分）
第三十四条の二　第十九条第二項から第四項まで及び第二十条第一項の規定により都道府県が処理することとされている事務は、地方自治法（昭和二十二年法律第六十七号）第二条第九項第一号に規定する第一号法定受託事務とする。

第三十七条　次の各号のいずれかに該当する者は、三十万円以下の罰金に処する。
一　（略）
二　第二十二条の二又は第二十三条の規定により報告又は資料の提出を求められた場合において、報告若しくは資料の提出をせず、又は虚偽の記載をした報告をし、若しくは虚偽の資料の提出をした者
三～六　（略）

○不動産登記法（平成十六年法律第百二十三号）（抄）

（定義）
第二条　この法律において、次の各号に掲げる用語の意義は、それぞれ当該各号に定めるところによる。
一～九　（略）
十　表題部所有者　所有権の登記がない不動産の登記記録の表題部に、所有者として記録されている者をいう。
十一～二十四　（略）

（地図等）
第十四条　登記所には、地図及び建物所在図を備え付けるものとする。
2～5　（略）

（登記簿の附属書類の写しの交付等）
第百二十一条　（略）
2　何人も、登記官に対し、手数料を納付して、登記簿の附属書類（電磁的記録にあっては、記録された情報の内容を法務省令で定める方法によ

第十八条　前条第一項の規定により閲覧に供された地図及び簿冊について同項の閲覧期間内に同条第二項の規定による申出がない場合、同項の規定による申出があつた場合においてその申出に係る事実がないと認めた場合又は同条第三項の規定により修正を行つた場合においては、当該地図及び簿冊に係る国土調査を行つた者は、それぞれ、国の機関及び第五条第四項の規定による指定を受け又は第六条の三第二項の規定により定められた事業計画に基づいて国土調査を行う都道府県にあつては国土交通大臣に、第八条第一項の勧告に基づいて国土調査を行う者にあつては事業所管大臣に、その他の者にあつては都道府県知事に、遅滞なく、その地図及び簿冊を送付しなければならない。

（成果の認証）

第十九条　国土調査を行つた者は、前条の規定により送付した地図及び簿冊（以下「成果」という。）について、それぞれ、国の機関及び第五条第四項の規定による指定を受け又は第六条の三第二項の規定により定められた事業計画に基づいて国土調査を行う都道府県にあつては国土交通大臣に、第八条第一項の勧告に基づいて国土調査を行う者にあつては事業所管大臣に、その他の者にあつては都道府県知事に、政令で定める手続により、その認証を請求することができる。

2　国土交通大臣、事業所管大臣又は都道府県知事は、前項の規定による請求を受けた場合においては、当該請求に係る国土調査の成果の審査の結果に基づいて、その成果に測量若しくは調査上の誤り又は政令で定める限度以上の誤差がある場合を除くほか、その成果を認証しなければならない。

3　事業所管大臣又は都道府県知事は、前項の規定により国土調査の成果を認証する場合においては、政令で定める手続により、あらかじめ、それぞれ国土交通大臣又は国土交通大臣等の承認を得なければならない。

4　国土交通大臣、事業所管大臣又は都道府県知事は、第二項の規定により国土調査の成果を認証した場合においては、遅滞なく、その旨を公告しなければならない。

5　国土調査以外の測量及び調査を行つた者が当該調査の結果作成された地図及び簿冊について政令で定める手続により国土調査の成果としての認証を申請した場合においては、国土交通大臣又は事業所管大臣は、これらの地図及び簿冊が第二項の規定により認証を受けた国土調査の成果と同等以上の精度又は正確さを有すると認めたときは、これらを同項の規定によつて認証された国土調査の成果と同一の効果があるものとして指定することができる。

6　事業所管大臣は、前項の規定による指定をする場合においては、あらかじめ、国土交通大臣の承認を得なければならない。

（成果の写しの送付等）

第二十条　国土交通大臣、事業所管大臣又は都道府県知事は、前条第二項の規定により国土調査の成果を認証した場合又は同条第五項の規定により指定をした場合においては、地籍調査にあつては当該調査に係る土地の登記の事務をつかさどる登記所に、その他の国土調査にあつては政令で定める台帳を備える者に、それぞれ当該成果の写しを送付しなければならない。

2　登記所又は前項の台帳を備える者は、政令で定めるところにより、同項の規定による送付に係る地図及び簿冊に基づいて、土地の表示に関する登記及び所有権の登記名義人の氏名若しくは名称若しくは住所についての変更の登記若しくは更正の登記をし、又は同項の台帳の記載を改めなければならない。

第六条　（略）
2　（略）
3　都道府県知事は、前二項の規定による届出があつた場合においては、その届出に係る計画及び作業規程を審査し、その結果に基いて当該調査を国土調査として指定し、又は当該届出に係る計画若しくは作業規程の変更を勧告し、若しくは必要な助言をした場合において当該市町村又は土地改良区等がこれに同意したときはその計画若しくは作業規程に変更を加えて国土調査として指定しなければならない。
4・5　（略）

（地籍調査に関する都道府県計画等）
第六条の三　（略）
2　都道府県は、前項の都道府県計画に基き、関係市町村又は土地改良区等と協議し、毎年度、政令で定めるところにより、当該年度における事業計画を定めなければならない。
3～5　（略）

（国土調査の実施の委託）
第十条　国の機関、都道府県又は市町村は、国土調査を行おうとする場合においては、国の機関にあつては都道府県又は道若しくは二以上の都府県の区域にわたつて基本調査、土地分類調査又は水調査に類する調査を行う者に、都道府県にあつては市町村又は土地改良区等に、市町村にあつては土地改良区等に、それぞれ当該国土調査の実施を委託することができる。
2　前項に規定するもののほか、都道府県又は市町村は、国土調査を適正かつ確実に実施することができると認められる者として国土交通省令で定める要件に該当する法人に、その行う国土調査（同項の規定によりその実施を委託されたものを含む。）の実施を委託することができる。

第四章　成果の取扱

（地図及び簿冊の閲覧）
第十七条　国土調査を行つた者は、その結果に基いて地図及び簿冊を作成した場合においては、遅滞なく、その旨を公告し、当該調査を行つた者の事務所（地籍調査にあつては、当該調査が行われた市町村の事務所）において、その公告の日から二十日間当該地図及び簿冊を一般の閲覧に供しなければならない。
2　前項の規定により一般の閲覧に供された地図及び簿冊に測量若しくは調査上の誤又は政令で定める限度以上の誤差があると認める者は、同項の期間内に、当該国土調査を行つた者に対して、その旨を申し出ることができる。
3　前項の規定による申出があつた場合においては、当該国土調査を行つた者は、その申出に係る事実があると認めたときは、遅滞なく、当該地図及び簿冊を修正しなければならない。

（地図及び簿冊の送付）

目次

（定義）

第二条　（略）

2　前項第一号及び第二号の「基本調査」とは、土地分類調査、水調査及び地籍調査の基礎とするために行う土地及び水面の測量（このために必要な基準点の測量を含む。）並びに土地分類調査及び水調査の基準の設定のための調査を行い、その結果を地図及び簿冊に作成することをいう。

3　第一項第一号及び第三号の「土地分類調査」とは、土地をその利用の可能性により分類する目的をもつて、土地の利用現況、土性その他の土じようの物理的及び化学的性質、浸蝕の状況その他の主要な自然的要素並びにその生産力に関する調査を行い、その結果を地図及び簿冊に作成することをいう。

4　第一項第一号及び第三号の「水調査」とは、治水及び利水に資する目的をもつて、気象、陸水の流量、水質及び流砂状況並びに取水量、用水量、排水量及び水利慣行等の水利に関する調査を行い、その結果を地図及び簿冊に作成することをいう。

5　第一項第三号の「地籍調査」とは、毎筆の土地について、その所有者、地番及び地目の調査並びに境界及び地積に関する測量を行い、その結果を地図及び簿冊に作成することをいう。

6・7　（略）

（都道府県が行う国土調査の指定）

第五条　（略）

2・3　（略）

4　国土交通大臣は、前三項の規定による届出があつた場合においては、その届出に係る計画及び作業規程を審査し、その結果に基づいて当該調査を国土調査として指定し、又は当該届出に係る計画若しくは作業規程の変更を勧告し、若しくは必要な助言をした場合において当該都道府県がこれに同意したときはその計画若しくは作業規程に変更を加えて国土調査として指定しなければならない。

5　（略）

（市町村又は土地改良区等が行う国土調査の指定）

第三章　国土審議会の調査審議等

（国土審議会の調査審議等）
第十九条　国土審議会は、国土交通大臣の諮問に応じ、土地に関する総合的かつ基本的な施策に関する事項及び国土の利用に関する基本的な事項を調査審議する。
2　国土審議会は、前項に規定する事項に関し、国土交通大臣に対し、及び国土交通大臣を通じて関係行政機関の長に対し、意見を申し出ることができる。
3　関係行政機関の長は、土地に関する総合的かつ基本的な施策に関する事項でその所掌に係るもの及び国土の利用に関する基本的な事項でその所掌に係るものについて国土審議会の意見を聴くことができる。

○国土調査促進特別措置法（昭和三十七年法律第百四十三号）（抄）

（目的）
第一条　この法律は、国土の開発及びその利用の高度化に資するため、国土調査事業の緊急かつ計画的な実施の促進を図り、もつて国民経済の健全な発展に寄与することを目的とする。

（国土調査事業十箇年計画）
第三条　国土交通大臣は、国土審議会の意見を聴いて、国土の総合的な開発及びその利用の高度化に資するため緊急に国土調査事業を実施する必要があると認める地域について、平成二十二年度以降の十箇年間に実施すべき国土調査事業に関する計画（以下「国土調査事業十箇年計画」という。）の案を作成し、閣議の決定を求めなければならない。
2　（略）
3　国土調査事業十箇年計画には、政令で定めるところにより、十箇年間に実施すべき国土調査事業の量を定めなければならない。
4〜6　（略）

（国土調査法の適用）
第四条　国土調査事業十箇年計画に基づいて実施する国土調査事業については、この法律に定めるものを除くほか、国土調査法の規定の適用があるものとする。この場合において、国土調査事業十箇年計画に基づいて実施する第二条第二号に規定する地籍調査に関しては、同法第六条の三第一項中「前条第一項」とあるのは「国土調査促進特別措置法（昭和三十七年法律第百四十三号）第三条第五項」と、「特定計画」とあるのは「国土調査事業十箇年計画」と読み替えて、同条の規定及び同条に係る国土調査法の規定を適用する。

○国土調査法（昭和二十六年法律第百八十号）（抄）

第十二条　国及び地方公共団体は、土地利用計画に従って行われる良好な環境に配慮した土地の高度利用、土地利用の適正な転換又は良好な環境の形成若しくは保全の確保その他適正な土地利用の確保を図るため、土地利用の規制に関する措置を適切に講ずるとともに、土地利用計画に係る事業の実施その他必要な措置を講ずるものとする。
2　国及び地方公共団体は、前項の措置を講ずるため必要な公有地の拡大の推進等公共用地の確保に努めるものとする。
3　国及び地方公共団体は、第一項の措置を講ずるに当たっては、需要に応じた宅地の供給の促進が図られるように努めるものとする。

（土地取引の規制等に関する措置）
第十三条　国及び地方公共団体は、土地の投機的取引及び地価の高騰が国民生活に及ぼす弊害を除去し、適正な地価の形成に資するため、土地取引の規制に関する措置その他必要な措置を講ずるものとする。

（社会資本の整備に関連する利益に応じた適切な負担）
第十四条　国及び地方公共団体は、社会資本の整備に関連して土地に関する権利を有する者が著しく利益を受けることとなる場合において、地域の特性等を勘案して適切であると認めるときは、その利益に応じてその社会資本の整備についての適切な負担を課するための必要な措置を講ずるものとする。

（税制上の措置）
第十五条　国及び地方公共団体は、土地についての基本理念にのっとり、土地に関する施策を踏まえ、税負担の公平の確保を図りつつ、土地に関し、適正な税制上の措置を講ずるものとする。

（公的土地評価の適正化等）
第十六条　国は、適正な地価の形成及び課税の適正化に資するため、土地の正常な価格を公示するとともに、公的土地評価について相互の均衡と適正化が図られるように努めるものとする。

（調査の実施等）
第十七条　国及び地方公共団体は、土地に関する施策の総合的かつ効率的な実施を図るため、土地の所有及び利用の状況、地価の動向等に関し、調査を実施し、資料を収集する等必要な措置を講ずるものとする。
2　国及び地方公共団体は、土地に関する施策の円滑な実施に資するため、個人の権利利益の保護に配慮しつつ、国民に対し、土地の所有及び利用の状況、地価の動向等の土地に関する情報を提供するように努めるものとする。

（施策の整合性の確保及び行政組織の整備等）
第十八条　国及び地方公共団体は、土地に関する施策を講ずるにつき、相協力し、その整合性を確保するように努めるものとする。
2　国及び地方公共団体は、土地に関する施策を講ずるにつき、総合的見地に立った行政組織の整備及び行政運営の改善に努めるものとする。

、土地に関する施策を総合的に策定し、及びこれを実施する責務を有する。
2　国及び地方公共団体は、広報活動等を通じて、土地についての基本理念に関する国民の理解を深めるよう適切な措置を講じなければならない。
（事業者の責務）
第七条　事業者は、土地の利用及び取引（これを支援する行為を含む。）に当たっては、土地についての基本理念に従わなければならない。
2　事業者は、国及び地方公共団体が実施する土地に関する施策に協力しなければならない。
（国民の責務）
第八条　国民は、土地の利用及び取引に当たっては、土地についての基本理念を尊重しなければならない。
2　国民は、国及び地方公共団体が実施する土地に関する施策に協力するように努めなければならない。
（法制上の措置等）
第九条　政府は、土地に関する施策を実施するため必要な法制上、財政上及び金融上の措置を講じなければならない。
（年次報告等）
第十条　政府は、毎年、国会に、地価、土地利用、土地取引その他の土地に関する動向及び政府が土地に関して講じた基本的な施策に関する報告を提出しなければならない。
2　政府は、毎年、前項の報告に係る土地に関する動向を考慮して講じようとする基本的な施策を明らかにした文書を作成し、これを国会に提出しなければならない。
3　政府は、前項の講じようとする基本的な施策を明らかにした文書を作成するには、国土審議会の意見を聴かなければならない。

第二章　土地に関する基本的施策

（土地利用計画の策定等）
第十一条　国及び地方公共団体は、適正かつ合理的な土地利用を図るため、人口及び産業の将来の見通し、土地利用の動向その他の自然的、社会的、経済的及び文化的諸条件を勘案し、必要な土地利用に関する計画（以下「土地利用計画」という。）を策定するものとする。
2　前項の場合において、国及び地方公共団体は、地域の特性を考慮して良好な環境に配慮した土地の高度利用、土地利用の適正な転換又は良好な環境の形成若しくは保全を図るため特に必要があると認めるときは土地利用計画を詳細に策定するものとし、地域における社会経済活動の広域的な展開を考慮して特に必要があると認めるときは土地利用計画を広域の見地に配慮して策定するものとする。
3　第一項の場合において、国及び地方公共団体は、住民その他の関係者の意見を反映させるものとする。
4　国及び地方公共団体は、第一項に規定する諸条件の変化を勘案して必要があると認めるときは、土地利用計画を変更するものとする。
（適正な土地利用の確保を図るための措置）

○土地基本法（平成元年法律第八十四号）（抄）

目次

第一章　総則

（目的）

第一条　この法律は、土地についての基本理念を定め、並びに国、地方公共団体、事業者及び国民の土地についての基本理念に係る責務を明らかにするとともに、土地に関する施策の基本となる事項を定めることにより、適正な土地利用の確保を図りつつ正常な需給関係と適正な地価の形成を図るための土地対策を総合的に推進し、もって国民生活の安定向上と国民経済の健全な発展に寄与することを目的とする。

（土地についての公共の福祉優先）

第二条　土地は、現在及び将来における国民のための限られた貴重な資源であること、国民の諸活動にとって不可欠の基盤であること、その利用が他の土地の利用と密接な関係を有するものであること、その価値が主として人口及び産業の動向、土地利用の動向、社会資本の整備状況その他の社会的経済的条件により変動するものであること等公共の利害に関係する特性を有していることにかんがみ、土地については、公共の福祉を優先させるものとする。

（適正な利用及び計画に従った利用）

第三条　土地は、その所在する地域の自然的、社会的、経済的及び文化的諸条件に応じて適正に利用されるものとする。

2　土地は、適正かつ合理的な土地利用を図るため策定された土地利用に関する計画に従って利用されるものとする。

（投機的取引の抑制）

第四条　土地は、投機的取引の対象とされてはならない。

（価値の増加に伴う利益に応じた適切な負担）

第五条　土地の価値がその所在する地域における第二条に規定する社会的経済的条件の変化により増加する場合には、その土地に関する権利を有する者に対し、その価値の増加に伴う利益に応じて適切な負担が求められるものとする。

（国及び地方公共団体の責務）

第六条　国及び地方公共団体は、第二条から前条までに定める土地についての基本理念（以下「土地についての基本理念」という。）にのっとり

土地基本法等の一部を改正する法律案　参照条文

四　国土調査を行う者が法第十九条第五項の規定による認証の申請を行う場合の申請書の記載事項及び当該申請書に添付すべき書類を定めるものとすること。（第十九条関係）

五　その他所要の改正を行うものとすること。

第三　国土交通省組織令の一部改正

国土交通省組織令について所要の改正を行うものとすること。（第十七条関係）

第四　附則

この政令は、一部の規定を除き、令和二年四月一日から施行するものとすること。

土地基本法等の一部を改正する法律の施行に伴う関係政令の整備等に関する政令案要綱

第一　国土審議会令の一部改正

一　土地基本方針の案及び同方針の変更の案の作成に係る国土審議会の所掌事務は、土地政策分科会が処理するものとすること。（第二条関係）

二　その他所要の改正を行うものとすること。

第二　国土調査法施行令の一部改正

一　主に山林、牧場又は原野が占める地域及びその周辺地域の地籍図の縮尺について、千分の一を追加するものとすること。（第二条関係）

二　国土調査法（三及び四において「法」という。）第六条の三第一項の規定による地籍調査に関する都道府県計画の記載事項について、調査地域の特性に応じた効率的な調査方法（三において「効率的調査方法」という。）の導入に関する方針を追加するものとすること。（第七条関係）

三　法第六条の三第二項の規定による事業計画の記載事項について、導入する効率的調査方法の内容を追加するものとすること。（第八条関係）

政令第　　号

土地基本法等の一部を改正する法律の施行に伴う関係政令の整備等に関する政令

内閣は、土地基本法等の一部を改正する法律（令和二年法律第　　号）の施行に伴い、並びに国土交通省設置法（平成十一年法律第百号）第十二条並びに国土調査法（昭和二十六年法律第百八十号）第二条第六項、第六条の三第一項及び第二項並びに第十九条第五項の規定に基づき、並びに同法を実施するため、この政令を制定する。

（国土審議会令の一部改正）

第一条　国土審議会令（平成十二年政令第二百九十八号）の一部を次のように改正する。

第二条第一項の表土地政策分科会の項中「第十条第三項及び第十九条」を「第十一条第三項、第二十一条第四項（同条第六項において準用する場合を含む。）及び第二十二条」に、「同条第六項」を「同条第七項」に改める。

（国土調査法施行令の一部改正）

第二条　国土調査法施行令（昭和二十七年政令第五十九号）の一部を次のように改正する。

第二条第一項第九号中「五百分の一（国土交通大臣が特に必要があると認める場合には、二百五十分の一）」を「二百五十分の一又は五百分の一」に、「千分の一（国土交通大臣が特に必要があると認める場合には、五百分の一又は二千五百分の一）」を「五百分の一、千分の一又は二千五百分の一」に、「二千五百分の一又は五千分の一」を「千分の一、二千五百分の一又は五千分の一」に改める。

第七条第一項に次の一号を加える。

四　第一号の調査地域の特性に応じた効率的な調査方法（次条第六号において「効率的調査方法」という。）の導入に関する方針

第八条中第六号を第七号とし、第五号の次に次の一号を加える。

六　導入する効率的調査方法の内容（効率的調査方法の導入が困難であるときは、その旨及びその理由）

第九条中「前条第六号」を「前条第七号」に改める。

第十九条第一項に次の一号を加える。

五　法第十九条第六項の規定により国土調査を行う者が申請する場合にあつては、当該国土調査を行う者の名称

第十九条第三項中「第十九条第六項」を「第十九条第七項」に改め、同項を同条第四項とし、同条第二項の次に次の一項を加える。

3　法第十九条第六項の規定により国土調査を行う者が同条第五項の規定による認証の申請を行うときは、前項に規定するもののほか、同条第六項後段の同意を得たことを証する書類を添えなければならない。

第二十条を次のように改める。

（成果の認証に準ずる指定をした旨の公告）

第二十条　法第十九条第八項の規定による公告は、官報によりしなければならない。

（国土交通省組織令の一部改正）

第三条　国土交通省組織令（平成十二年政令第二百五十五号）の一部を次のように改正する。

第十七条第四号中「第十条」を「第十一条」に改める。

附　則

この政令は、令和二年四月一日から施行する。ただし、第一条の規定（国土審議会令第二条第一項の表土地政策分科会の項中「同条第六項」を「同条第七項」に改める部分を除く。）及び第三条の規定は、公布の

日から施行する。

理　由

土地基本法等の一部を改正する法律の施行に伴い、国土調査を行う者が国土調査法第十九条第五項の規定による認証の申請を行う場合の申請書の記載事項及び当該申請書に添付すべき書類を定める等国土調査法施行令その他の関係政令の規定の整備等を行う必要があるからである。

○　国土交通省組織令（平成十二年政令第二百五十五号）（抄）（第三条関係）

（傍線の部分は改正部分）

改正案	現行
（政策統括官の職務） 第十七条　政策統括官は、命を受けて、次に掲げる事務を分掌する。 一～三　（略） 四　土地基本法（平成元年法律第八十四号）第十一条の規定による土地に関する動向及び基本的な施策に関する年次報告等に関する調整に関すること。 五～七　（略）	（政策統括官の職務） 第十七条　政策統括官は、命を受けて、次に掲げる事務を分掌する。 一～三　（略） 四　土地基本法（平成元年法律第八十四号）第十条の規定による土地に関する動向及び基本的な施策に関する年次報告等に関する調整に関すること。 五～七　（略）

ばならない。

により国土調査以外の測量及び調査の結果作成された地図及び簿冊を同条第二項の規定によつて認証された国土調査の成果と同一の効果があるものとして指定した場合においては、遅滞なく、官報により、その旨を公告しなければならない。

（事業計画）
第八条　法第六条の三第二項の規定による事業計画は、国土交通省令で定める様式により、次に掲げる事項について定めなければならない。
一～五　（略）
六　導入する効率的調査方法の内容（効率的調査方法の導入が困難であるときは、その旨及びその理由）
七　（略）

（事業計画の協議の申出）
第九条　都道府県は、法第六条の三第三項の規定により国土交通大臣に協議を申し出ようとするときは、作業別の実施計画、前条第七号の費用の総額の算出の基礎その他国土交通省令で定める事項を記載した書類を添付してするものとする。

（成果の認証に準ずる指定）
第十九条　法第十九条第五項の規定による認証の申請は、次に掲げる事項を記載した認証申請書を国土交通大臣又は事業所管大臣に提出してしなければならない。
一～四　（略）
五　法第十九条第六項の規定により国土調査を行う者が申請する場合にあつては、当該国土調査を行う者の名称
2　（略）
3　法第十九条第六項の規定により国土調査を行う者が同条第五項の規定による認証の申請を行うときは、前項に規定するもののほか、同条第六項後段の同意を得たことを証する書類を添えなければならない。
4　第十七条の規定は、法第十九条第七項の規定により事業所管大臣が国土交通大臣の承認を得る場合について準用する。

（成果の認証に準ずる指定をした旨の公告）
第二十条　法第十九条第八項の規定による公告は、官報によりしなければ

（事業計画）
第八条　法第六条の三第二項の規定による事業計画は、国土交通省令で定める様式により、次に掲げる事項について定めなければならない。
一～五　（略）
（新設）
六　（略）

（事業計画の協議の申出）
第九条　都道府県は、法第六条の三第三項の規定により国土交通大臣に協議を申し出ようとするときは、作業別の実施計画、前条第六号の費用の総額の算出の基礎その他国土交通省令で定める事項を記載した書類を添付してするものとする。

（成果の認証に準ずる指定）
第十九条　法第十九条第五項の規定による認証の申請は、次に掲げる事項を記載した認証申請書を国土交通大臣又は事業所管大臣に提出してしなければならない。
一～四　（略）
（新設）
2　（略）
（新設）
3　第十七条の規定は、法第十九条第六項の規定により事業所管大臣が国土交通大臣の承認を得る場合について準用する。

（成果の認証に準ずる指定をした旨の公告）
第二十条　国土交通大臣又は事業所管大臣は、法第十九条第五項の規定

○　国土調査法施行令（昭和二十七年政令第五十九号）（抄）（第二条関係）

（傍線の部分は改正部分）

改正案	現行
（地図及び簿冊の様式） 第二条　法第二条第六項の規定による地図及び簿冊の様式は、次に定めるところによらなければならない。 一～八　（略） 九　法第二条第五項に規定する地図（以下「地籍図」という。）の縮尺は、次のとおりとする。 主として宅地が占める地域及びその周辺の地域　二百五十分の一又は五百分の一 主として田、畑又は塩田が占める地域及びその周辺の地域　五百分の一、千分の一又は二千五百分の一 主として山林、牧場又は原野が占める地域及びその周辺の地域　千分の一、二千五百分の一又は五千分の一 十・十一　（略） 2　（略）	（地図及び簿冊の様式） 第二条　法第二条第六項の規定による地図及び簿冊の様式は、次に定めるところによらなければならない。 一～八　（略） 九　法第二条第五項に規定する地図（以下「地籍図」という。）の縮尺は、次のとおりとする。 主として宅地が占める地域及びその周辺の地域　五百分の一（国土交通大臣が特に必要があると認める場合には、二百五十分の一） 主として田、畑又は塩田が占める地域及びその周辺の地域　千分の一（国土交通大臣が特に必要があると認める場合には、五百分の一又は二千五百分の一） 主として山林、牧場又は原野が占める地域及びその周辺の地域　二千五百分の一又は五千分の一 十・十一　（略） 2　（略）
（都道府県計画） 第七条　法第六条の三第一項の規定による地籍調査に関する都道府県計画には、次に掲げる事項を定めなければならない。 一～三　（略） 四　第一号の調査地域の特性に応じた効率的な調査方法（次条第六号において「効率的調査方法」という。）の導入に関する方針 2　（略）	（都道府県計画） 第七条　法第六条の三第一項の規定による地籍調査に関する都道府県計画には、次に掲げる事項を定めなければならない。 一～三　（略） （新設） 2　（略）

2～7（略）

（略）

（略）

2～7（略）

（略）

（略）

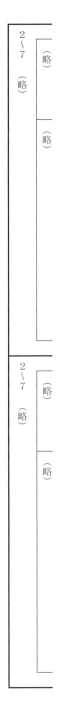

○国土審議会令（平成十二年政令第二百九十八号）（抄）（第一条関係）

（傍線の部分は改正部分）

改正案

（分科会）

第二条　審議会に、次の表の上欄に掲げる分科会を置き、これらの分科会の所掌事務は、審議会の所掌事務のうち、それぞれ同表の下欄に掲げる法律の規定により審議会の権限に属させられた事項を処理することとする。

名称	法律の規定
土地政策分科会	国土利用計画法（昭和四十九年法律第九十二号）第十三条第二項 土地基本法（平成元年法律第八十四号）第十一条第三項、第二十一条第四項（同条第六項において準用する場合を含む。）及び第二十二条 地価公示法（昭和四十四年法律第四十九号）第二十六条の二 国土調査法（昭和二十六年法律第百八十号）第十二条 国土調査促進特別措置法（昭和三十七年法律第百四十三号）第三条第一項（同条第七項において準用する場合を含む。）
（略）	（略）
（略）	（略）

現行

（分科会）

第二条　審議会に、次の表の上欄に掲げる分科会を置き、これらの分科会の所掌事務は、審議会の所掌事務のうち、それぞれ同表の下欄に掲げる法律の規定により審議会の権限に属させられた事項を処理することとする。

名称	法律の規定
土地政策分科会	国土利用計画法（昭和四十九年法律第九十二号）第十三条第二項 土地基本法（平成元年法律第八十四号）第十条第三項及び第十九条 地価公示法（昭和四十四年法律第四十九号）第二十六条の二 国土調査法（昭和二十六年法律第百八十号）第十二条 国土調査促進特別措置法（昭和三十七年法律第百四十三号）第三条第一項（同条第六項において準用する場合を含む。）
（略）	（略）
（略）	（略）

土地基本法等の一部を改正する法律の施行に伴う関係政令の整備等に関する政令案　新旧対照条文

○国土審議会令（平成十二年政令第二百九十八号）（抄）

（分科会）

第二条　審議会に、次の表の上欄に掲げる分科会を置き、これらの分科会の所掌事務は、審議会の所掌事務のうち、それぞれ同表の下欄に掲げる法律の規定により審議会の権限に属させられた事項を処理することとする。

名称	法律の規定
土地政策分科会	（略）
	土地基本法（平成元年法律第八十四号）第十条第三項及び第十九条
	（略）
	（略）
	国土調査促進特別措置法（昭和三十七年法律第百四十三号）第三条第一項（同条第六項において準用する場合を含む。）
（略）	（略）
（略）	（略）
（略）	（略）

2〜7　（略）

○国土交通省設置法（平成十一年法律第百号）（抄）

（政令への委任）

第十二条　この款に定めるもののほか、国土審議会の組織及び所掌事務その他国土審議会に関し必要な事項は、政令で定める。

○国土調査法施行令（昭和二十七年政令第五十九号）（抄）

（地図及び簿冊の様式）

第二条　法第二条第六項の規定による地図及び簿冊の様式は、次に定めるところによらなければならない。

一〜八　（略）

九　法第二条第五項に規定する地図（以下「地籍図」という。）の縮尺は、次のとおりとする。

主として宅地が占める地域及びその周辺の地域
　五百分の一（国土交通大臣が特に必要があると認める場合には、二百五十分の一）

主として田、畑又は塩田が占める地域及びその周辺の地域

千分の一（国土交通大臣が特に必要があると認める場合には、五百分の一又は二千五百分の一）
主として山林、牧場又は原野が占める地域及びその周辺の地域
二千五百分の一又は五千分の一
十・十一　（略）
2　（略）

（都道府県計画）
第七条　法第六条の三第一項の規定による地籍調査に関する都道府県計画には、次に掲げる事項を定めなければならない。
一　調査地域
二　調査面積
三　調査期間
2　（略）

（事業計画）
第八条　法第六条の三第二項の規定による事業計画は、国土交通省令で定める様式により、次に掲げる事項について定めなければならない。
一　調査を行う者の名称
二　調査目的
三　調査地域
四　調査面積
五　調査期間
六　第十四条各号に掲げる作業に要する費用の総額

（事業計画の協議の申出）
第九条　都道府県は、法第六条の三第三項の規定により国土交通大臣に協議を申し出ようとするときは、作業別の実施計画、前条第六号の費用の総額の算出の基礎その他国土交通省令で定める事項を記載した書類を添付してするものとする。

（成果の認証に準ずる指定）
第十九条　法第十九条第五項の規定による認証の申請は、次に掲げる事項を記載した認証申請書を国土交通大臣又は事業所管大臣に提出してしなければならない。
一　測量及び調査を行つた者の氏名又は名称
二　作成した地図及び簿冊の名称
三　測量及び調査を行つた地域及び期間

四　第二号の地図及び簿冊に存する測量又は調査上の誤差の程度
2　前項の認証申請書には、当該測量及び調査の結果作成された地図及び簿冊の写し二部を添えなければならない。
3　第十七条の規定は、法第十九条第六項の規定により事業所管大臣が国土交通大臣の承認を得る場合について準用する。

（成果の認証に準ずる指定をした旨の公告）
第二十条　国土交通大臣又は事業所管大臣は、法第十九条第五項の規定により国土調査以外の測量及び調査の結果作成された地図及び簿冊を同条第二項の規定によつて認証された国土調査の成果と同一の効果があるものとして指定した場合においては、遅滞なく、官報により、その旨を公告しなければならない。

○土地基本法等の一部を改正する法律（令和二年法律第　　号）による一部改正後の国土調査法（昭和二十六年法律第百八十号）（抄）

（定義）
第二条　（略）
2～4　（略）
5　第一項第三号の「地籍調査」とは、毎筆の土地について、その所有者、地番及び地目の調査並びに境界及び地積に関する測量を行い、その結果を地図及び簿冊に作成することをいう。
6　第二項から前項までに規定する地図及び簿冊の様式は、政令で定める。
7　（略）

（地籍調査に関する都道府県計画等）
第六条の三　都道府県は、前条第一項の通知を受けたときは、同項の特定計画に基づき、政令で定めるところにより地籍調査に関する都道府県計画を定めて、これを国土交通大臣に報告しなければならない。
2　都道府県は、前項の都道府県計画に基き、関係市町村又は土地改良区等と協議し、毎年度、政令で定めるところにより、当該年度における事業計画を定めなければならない。
3　都道府県は、前項の事業計画を定めようとする場合においては、あらかじめ、国土交通大臣に協議し、その同意を得なければならない。
4・5　（略）

（成果の認証）
第十九条　（略）
2～4　（略）
5　国土調査以外の測量及び調査を行つた者が当該測量及び調査の結果作成された地図及び簿冊について政令で定める手続により国土調査の成果としての認証を申請した場合においては、国土交通大臣又は事業所管大臣は、これらの地図及び簿冊が第二項の規定により認証を受けた国土調

査の成果と同等以上の精度又は正確さを有すると認めたときは、これらを同項の規定によつて認証された国土調査の成果と同一の効果があるものとして指定することができる。
6　国土調査を行う者は、国土調査の効率的な実施に資するため必要があると認めるときは、前項の規定による申請を当該測量及び調査を行つた者に代わつて行うことができる。この場合においては、あらかじめ、当該測量及び調査を行つた者の同意を得なければならない。
7　事業所管大臣は、第五項の規定による指定をする場合においては、あらかじめ、国土交通大臣の承認を得なければならない。
8　国土交通大臣又は事業所管大臣は、第五項の規定による指定をしたときは、遅滞なく、その旨を公告するとともに、関係都道府県知事に通知しなければならない。

○国土交通省組織令（平成十二年政令第二百五十五号）（抄）

（政策統括官の職務）
第十七条　政策統括官は、命を受けて、次に掲げる事務を分掌する。
一～三　（略）
四　土地基本法（平成元年法律第八十四号）第十条の規定による土地に関する動向及び基本的な施策に関する年次報告等に関する調整に関すること。
五～七　（略）

○国家行政組織法（昭和二十三年法律第百二十号）（抄）

（官房及び局の所掌に属しない事務をつかさどる職等）
第二十条　各省には、特に必要がある場合においては、官房及び局の所掌に属しない事務の能率的な遂行のためこれを所掌する職で局長に準ずるものを置くことができるものとし、その設置、職務及び定数は、政令でこれを定める。
2～4　（略）

○土地基本法等の一部を改正する法律（令和二年法律第　　　号）による一部改正後の土地基本法（平成元年法律第八十四号）（抄）

（年次報告等）
第十一条　政府は、毎年、国会に、不動産市場、土地の利用及び管理その他の土地に関する動向及び政府が土地に関して講じた基本的な施策に関する報告を提出しなければならない。
2　政府は、毎年、前項の報告に係る土地に関する動向を考慮して講じようとする基本的な施策を明らかにした文書を作成し、これを国会に提出しなければならない。

3　政府は、前項の講じようとする基本的な施策を明らかにした文書を作成するには、国土審議会の意見を聴かなければならない。

第三章　土地に関する基本的な方針

第二十一条　政府は、土地についての基本理念にのっとり、前章に定める土地の利用及び管理、土地の取引、土地の調査並びに土地に関する情報の提供に関する基本的施策その他の土地に関する施策の総合的な推進を図るため、土地に関する基本的な方針（以下この条において「土地基本方針」という。）を定めなければならない。
2　（略）
3　国土交通大臣は、土地基本方針の案を作成し、閣議の決定を求めなければならない。
4　国土交通大臣は、前項の規定により土地基本方針の案を作成しようとするときは、あらかじめ、国民の意見を反映させるために必要な措置を講ずるとともに、国土審議会の意見を聴かなければならない。
5　国土交通大臣は、第三項の閣議の決定があったときは、直ちに、土地基本方針を告示しなければならない。
6　前三項の規定は、土地基本方針の変更について準用する。

第四章　国土審議会の調査審議等

第二十二条　国土審議会は、国土交通大臣の諮問に応じ、土地に関する総合的かつ基本的な施策に関する事項及び国土の利用に関する基本的な事項を調査審議する。
2　国土審議会は、前項に規定する事項に関し、国土交通大臣に対し、及び国土交通大臣を通じて関係行政機関の長に対し、意見を申し出ることができる。
3　関係行政機関の長は、土地に関する総合的かつ基本的な施策に関する事項でその所掌に係るもの及び国土の利用に関する基本的な事項でその所掌に係るものについて国土審議会の意見を聴くことができる。

○土地基本法等の一部を改正する法律（令和二年法律第　　　号）による一部改正後の国土調査促進特別措置法（昭和三十七年法律第百四十三号）（抄）

（国土調査事業十箇年計画）
第三条　国土交通大臣は、国土審議会の意見を聴いて、国土の総合的な開発及び保全並びにその利用の高度化に資するため緊急に国土調査事業を実施する必要があると認める地域について、令和二年度以降の十箇年間に実施すべき国土調査事業に関する計画（以下「国土調査事業十箇年計画」という。）の案を作成し、閣議の決定を求めなければならない。
2〜6　（略）
7　前各項の規定は、国土調査事業十箇年計画を変更しようとする場合について準用する。

土地基本法等の一部を改正する法律の施行に伴う関係政令の整備等に関する政令案　参照条文

土地基本法等の一部を改正する法律等の施行に伴う国土交通省関係省令の整備等に関する省令

（国土交通省令第37号）

土地基本法等の一部を改正する法律（令和二年法律第十二号）及び土地基本法等の一部を改正する法律の施行に伴う関係政令の整備等に関する政令（令和二年政令第百三十七号）の施行に伴い、並びに国土調査法（昭和二十六年法律第百八十号）第十条第二項及び第三十四条の二、国土調査法施行令（昭和二十七年政令第五十九号）第八条及び第九条並びに国土交通省組織令（平成十二年政令第二百五十五号）第二百八条第六項及び第二百十条第四項の規定に基づき、土地基本法等の一部を改正する法律等の施行に伴う国土交通省関係省令の整備等に関する省令を次のように定める。

令和二年三月三十一日　国土交通大臣　赤羽一嘉

（国土調査法第十条第二項に規定する国土交通省令で定める要件を定める省令の一部改正）

第一条　国土調査法第十条第二項に規定する国土交通省令で定める要件を定める省令（平成二十二年国土交通省令第五十号）の一部を次のように改正する。

題名を次のように改める。

国土調査法施行規則

本則中「国土調査法」の下に「（昭和二十六年法律第百八十号。次条において「法」という。）」を加え、本則を第二条とし、同条に見出しとして「（国土調査の実施の委託の要件)」を付し、同条の前に次の一条を加える。

(地籍調査に関する事業計画の様式等)

第一条　国土調査法施行令(昭和二十七年政令第五十九号。次項において「令」という。)第八条の国土交通省令で定める様式は、別記様式とする。

2 令第九条の規定による添付書類に記載しなければならない事項は、同条に規定する事項のほか、次のとおりとする。

一 測量の方式

二 都道府県が負担する経費の予定額

三 基準点の有無

本則に次の一条を加える。

(権限の委任)

第三条　法第二十三条の四に規定する国土交通大臣の権限(地籍調査に係るものに限る。)は、地方整備局長及び北海道開発局長に委任する。ただし、国土交通大臣が自ら行うことを妨げない。

附則の次に別記様式として次の様式を加える。

別記様式(第一条関係)

○○年度　事業計画

○○都道府県

区分 調査を行う者の名称	調査目的	調査地域	調査面積	調査期間	導入する効率的調査方法の内容(効率的調査方法の導入が困難であるときは、その旨及びその理由)	令第14条各号に掲げる作業に要する費用の総額	適　用
			km2			円	

計							

（地方整備局組織規則の一部改正）

第二条　地方整備局組織規則（平成十三年国土交通省令第二十一号）の一部を次のように改正する。

第十二条中第十三号を第十四号とし、第十二号の次に次の一号を加える。

十三　国土調査法第二十三条の四の規定による必要な情報及び資料の提供、国土調査の実施に関する助言を行う者の派遣又はあっせんその他必要な援助に関すること（地籍調査に係るものに限る。）。

第百三十二条中第十一号を第十二号とし、第十号を第十一号とし、第九号の次に次の一号を加える。

十 国土調査法第二十三条の四の規定による必要な情報及び資料の提供、国土調査の実施に関する助言を行う者の派遣又はあっせんその他必要な援助に関すること（地籍調査に係るものに限る。）。

（北海道開発局組織規則の一部改正）

第三条　北海道開発局組織規則（平成十三年国土交通省令第二十二号）の一部を次のように改正する。

第一条の二中第四十二号を第四十三号とし、第三十二号から第四十一号までを一号ずつ繰り下げ、第三十一号の次に次の一号を加える。

三十二 国土調査法第二十三条の四の規定による必要な情報及び資料の提供、国土調査の実施に関する助言を行う者の派遣又はあっせんその他必要な援助に関すること（地籍調査に係るものに限る。）。

第十四条中第十四号を第十五号とし、第十三号の次に次の一号を加える。

十四　国土調査法第二十三条の四の規定による必要な情報及び資料の提供、国土調査の実施に関する助言を行う者の派遣又はあっせんその他必要な援助に関すること（地籍調査に係るものに限る。）。

（国土交通省組織規則の一部改正）

第四条　国土交通省組織規則（平成十三年国土交通省令第一号）の一部を次のように改正する。

第十七条第二項第二号中「第十条」を「第十一条」に改める。

附　則

（施行期日）

1　この省令は、令和二年四月一日から施行する。ただし、第四条の規定は、公布の日から施行する。

（地籍調査に関する事業計画の様式等を定める省令の廃止）

2　地籍調査に関する事業計画の様式等を定める省令（昭和三十二年総理府令第三十五号）は、廃止する。

土地基本方針について

〔令和2年5月26日
閣　　議　　決　　定〕

土地基本法（平成元年法律第８４号）第２１条第１項の規定に基づき、土地基本方針を別紙のとおり定める。

（別紙）

土地基本方針

令和２年５月

目次

はじめに

令和２年３月、土地基本法等の一部を改正する法律（令和２年法律第 12 号）が成立し、公布・施行された。これにより、土地基本法（平成元年法律第 84 号。以下「法」という。）においては、本格的な人口減少社会の到来、それに伴う土地利用ニーズの変化、土地に係る様々な課題に迅速に対応する必要性等を踏まえ、土地政策の目的として適正な土地の「利用」及び「管理」とそれらを促進する円滑な取引等が位置づけられるとともに、それらの施策を総合的に推進することの目的として、「地域の活性化」、「安全で持続可能な社会の形成」が位置づけられた。これに伴い、土地に関する「基本理念」と関係者の「責務」の規定が見直され、土地についての公共の福祉の優先などを謳う「基本理念」では、土地の適正な「利用」、「管理」[1]及び「取引」の確保の必要性が明らかにされるとともに、特に「責務」に関しては「土地所有者等の責務」の規定が新たに置かれ、土地所有者等には土地の適正な「利用」、「管理」等（登記など権利関係の明確化、境界の明確化）に関する責務があることが明記された。新たな「基本理念」や土地所有者等の「責務」を具体的な制度・施策に反映して、土地の適正な「利用」、「管理」及び「取引」を促進する観点から、国及び地方公共団体が講ずべき「基本的施策」についても見直しが行われたところである。

本方針は、法第 21 条に基づく土地基本方針として、上記に即して行われる土地に関する施策について、その基本的事項を示すものである。

第一　土地の利用及び管理に関する計画の策定等に関する基本的事項

法第 12 条に基づき、国及び地方公共団体は、人口減少などの社会経済状況の変化と見通しを踏まえ、適正かつ合理的な土地の利用及び管理を図るため、適切な役割分担の下、個々の土地の条件と当該土地の存する地域の特性を含め、自然的、社会的、経済的及び文化的諸条件を勘案し、住民など関係者の意見反映など適切な合意形成手続を経て、必要な土地の利用及び管理に関する計画を策定するものとする。この際、地域における社会経済活動の広域的な展開や、人口及び産業の将来の見通しなど、広域的・長期的な見地にも配慮することが重要である。

法第３条では、土地はこの計画に従って利用し、管理されるものとされている。したがって、計画は、適正な土地の利用及び管理の確保を図るため、景観や歴史的風致を含む周辺地域の良好な環境の形成を図るとともに災害予防などの周辺地域への悪影響の防止の観点に十分配慮して総合的に策定される必要がある。

このような趣旨にのっとった、土地の利用及び管理に関する計画の策定等を促進す

[1] 法第３条第２項において「その周辺地域の良好な環境の形成を図るとともに当該周辺地域への悪影響を防止する観点」から、「適正に利用し、又は管理」されるべきことが明確化されている。

るため、以下の取組を進める。

ア　地域における土地の管理のあり方に関する構想

人口減少下における国土の管理水準の低下が今後取り組むべき主要な課題として国土利用計画（全国計画）（平成 27 年８月 14 日閣議決定）に位置付けられていることを踏まえ、将来的に放置されていくことが予想される土地も含めた土地の管理のあり方について、地域における土地に関する現状把握や将来予測、悪影響を抑制等するための対策など、地域の取組の指針となる構想等の検討を進める。

イ　都市のコンパクト化の推進のための計画

多様な主体の参画のもと、立地適正化計画の策定と計画に係る事業の実施等により、これ以上の市街地の拡散を抑制しつつ、一定のエリアへの居住や都市機能の立地を誘導し、コンパクトシティを推進する。

また、防災・減災、安全なまちづくりの観点からは、災害ハザードエリアにおける新規立地の抑制、災害ハザードエリアからの移転の促進のほか、立地適正化計画に基づき、居住誘導区域内での防災対策の促進を図ることにより、防災対策等とも連携した適正な土地利用を進める。

併せて、立地適正化計画と一体となった地域公共交通網形成計画の策定と計画に係る事業の実施により、面的な公共交通ネットワークの再構築を図り、コンパクトシティ施策と連携した適正な土地の利用の誘導を促進する。

ウ　優良農地の確保と有効利用の取組の推進のための計画

優良農地の確保と有効利用の取組を推進するため、農業振興地域の指定及び農業振興地域整備計画の策定等を通じ、農業振興に関する施策を計画的に推進するとともに、農業経営基盤強化促進法（昭和 55 年法律第 65 号）、農地中間管理事業の推進に関する法律（平成 25 年法律第 101 号）等に基づき、人・農地プラン等を通じた農地の集積・集約化の促進及び農地の農業上の適正かつ効率的な利用を図る。

エ　森林の適正な利用及び管理に関する計画

森林の適正な利用及び管理については、森林法（昭和 26 年法律第 249 号）に基づく森林計画制度等の運用を通じ、森林の有する多面的機能の十分な発揮を確保するための造林・間伐等の適切な推進を図るとともに、森林経営管理法（平成 30 年法律第 35 号）に基づく森林の経営管理の集積・集約化を進める。

第二　適正な土地の利用及び管理の確保を図るための措置に関する基本的事項

法第 13 条に基づき、適正な土地の利用及び管理を確保するため、国及び地方公共団体は、土地の利用又は管理の規制又は誘導に関する施策や、第一を踏まえて策定された計画に従った施策を講ずるものとする。これに当たっては、近年、土地の管理不全により、災害も含めた周辺地域への悪影響が生じていることが深刻な問題となっていることから、良好な環境の形成・保全や災害の防止といった観点から土地の適正な管理の確保に取り組むことが重要である。また、外国人等が所有する土地の利用及び管理に関する意見も考慮しながら、土地の適正な利用等を確保する観点から、土地の利用等のあり方について検討する必要がある。さらに、広域的・長期的な見地にも配慮の上、現在低未利用の土地も含めてその土地の有するポテンシャルを十分に発揮させる観点から土地需要の創出・喚起に取り組むことも重要である。それらの観点からは、特に、低未利用土地や、管理不全の土地、所有者不明土地に関する課題に対応することは喫緊の課題である。具体的には、低未利用土地の適正な利用及び管理を促進するための需要創出・喚起及び取得支援のための措置や、周辺に悪影響を与える管理不全の土地の適正な管理を土地所有者等自身に促すとともに、必要に応じて地方公共団体や地域住民など土地所有者等以外の者が適正な管理を確保できるようにするための措置、所有者不明土地の円滑な利用及び管理、発生抑制・解消のための措置等を講ずる必要がある。

このような趣旨にのっとった、適正な土地の利用及び管理の確保を図るための措置を推進するため、以下の取組を進める。

1．適正な土地の利用の確保を図るための措置

（1）　既に利用されている土地の適正な利用に関する施策

ア　都市・地域における適正な土地の利用の確保・誘導

都市の競争力強化を図るため、高度で質の高い土地利用を誘導すべき都市再生緊急整備地域等においては、税制特例や金融支援、都市再生特別地区制度等を活用した都市開発事業を進めることにより、快適性・利便性が高く国際競争力のあるオフィスや宿泊施設などの土地利用の高度化を含む適正な土地の利用の確保を推進する。

また、まちなかにおいて多様な人々が集い、交流する「居心地が良く歩きたくなる」空間を官民一体となって形成し、都市の魅力を向上させる取組を推進する。

地域の価値向上を図り、土地の適正な利用に資するエリアマネジメント活動を推進するため、地域再生エリアマネジメント負担金制度について、制度の内容や必要な手続を解説したガイドラインを活用したコンサルティング等により、制度の活用を促進する。

遠方の住宅の相続による空き地・空き家の発生の抑制等のため、賃貸住宅の所有者が安心して当該住宅の管理を任せられるよう、賃貸住宅管理業の適正化を図る。

多様な主体や施策と連携し、人口規模の小さな地域における住民の日常生活を支える生活サービス機能が一定のエリアに集約され、集落生活圏内外をつなぐネットワークが確保された拠点である「小さな拠点」の形成を図り、地域の活性化や持続可能性を高める観点からの適正な土地の利用の確保を推進する。

自然環境の持つ多様な機能を賢く利用するグリーンインフラの推進等を通じて、持続可能で魅力ある都市・地域づくりを促進し、土地・不動産の適正な利用を推進する。

良好な生活環境の形成や、無秩序な市街化を抑制し、コンパクトシティの形成につなげる観点から、生産緑地制度等の活用をより一層推進する。

イ　農地の集積・集約

優良農地の確保と有効利用の取組を推進するため、農業振興地域制度及び農地転用許可制度について、国と地方公共団体が一体となって適切な運用を図るとともに、人・農地プランの実質化（農業者の年齢階層別の就農や後継者の確保の状況を「見える化」した地図を用いて、地域を支える農業者が話し合い、当該地域の将来の農地利用を担う経営体の在り方を決めていく取組）を核として、農地中間管理機構を活用した担い手への農地集積・集約化を進める。

ウ　森林の経営管理の集積・集約

森林経営管理法に基づき、森林所有者自らが森林の経営管理を実施できない場合には市町村が森林の経営管理の委託を受け、そのうち林業経営に適した森林は林業経営者に再委託することで、森林の経営管理を集積・集約化し、適切な経営管理を推進する。

（２）　低未利用土地の適正な利用に関する施策

ア　低未利用土地の取引の促進

空き地・空き家を含む低未利用土地の利用を促進し、あるいは長期的に低未利用な状態となることを防ぎ、土地の適正な利用を確保する観点からは、利用する意思・能力を有する者に円滑に利用する権利が移転されることが重要である。

譲渡価額が低額であるため取引に係るコストが相対的に高い低未利用の土地等を譲渡した場合の個人の譲渡所得に係る税制特例措置により、売主の取引に当たっての負担感を軽減し売却するインセンティブを付与することで譲渡を促し、新たな利用意向を示す者による適正な利用・管理を促進する。

行政と民間の専門家等により構成し、地域における相談体制の構築や空き地・空き家の情報共有をしつつ、土地の適正な利用・管理に向けたマッチング・コーディネート、土地所有者等に代わる管理などの機能を担うランドバンクの取組や、リノベーション等による低未利用の不動産の再生の取組の全国展開による適正な土地の利用を推進する。

また、優良事例についての情報提供やガイドラインの作成・周知を行うことにより、地域における適正な土地の利用・管理に取り組む地方公共団体等の支援を行う。

各自治体の空き地・空き家の情報の標準化・集約化を図り、全国の空き地・空き家の情報について簡単にアクセス・検索することを可能とする「全国版空き家・空き地バンク」の活用促進を通じた需要と供給のマッチングにより、低未利用の土地・不動産の取引を促進する。

農山漁村への移住ニーズを取り込む観点から、「農地付き空き家」等の円滑な取得支援を行うことにより、農村地域における適正な低未利用土地の利用を促進する。

イ　低未利用土地への投資の活性化

小規模不動産特定共同事業の活用促進、クラウドファンディングに対応した環境整備、不動産特定共同事業に係る税制特例措置等を通じた地域における小規模不動産の再生等により、適正な低未利用の土地・不動産の取引・利用を促進する。

クラウドファンディングなどによる特定の地域の発展や個々の活動を期待する「志ある資金」等を活用し、地域の土地・不動産を再生する事業に対する円滑な資金調達を促進する。

ウ　土地の利用可能性の向上

低未利用土地権利設定等促進計画制度や土地区画整理事業の集約換地の特例に基づく土地の集約・再編や所有と利用の分離によって土地の利用可能性を高めるほか、地域住宅団地再生事業（用途規制の緩和手続やコミュニティバスの導入等に必要な許認可手続のワンストップ化等）をはじめ多様な建物用途の導入、地域公共交通の利便性向上等を通じた住宅団地の再生を図るなど、低未利用土地の発生抑制や適正な利用を促進する。

立地誘導促進施設協定制度に基づく低未利用地の整備・管理に関する協定により、地域コミュニティ等による交流広場、コミュニティ施設などの公共空間の創出等を通じ、低未利用土地の活用を推進する。

地域の特性に応じて、低未利用土地を遊水地、農地、緑地などグリーンインフラとして整備・維持管理することにより、適正な土地の利用を推進する。例えば、民間主体による市民緑地の整備を促す制度や、緑の担い手として民間主体を指定する制度等を活用し、緑地等を効果的に整備・保全すること等により、適正な低未利用土地の利用を推進する。

エ　遊休農地の利用の促進

農地法（昭和 27 年法律第 229 号）に基づき、耕作の目的に供されていない農地がある場合等には、農業委員会がその農地の所有者に対し、当該農地の利用の意向について調査を行う等により、農地の適切な利用を推進する。

２．適正な土地の管理の確保を図るための措置

ア　周辺に悪影響を与える管理不全の土地等に関する対策

公共事業によるハード整備等の対策や、空き地等に関する条例、空家等対策の推進に関する特別措置法（平成 26 年法律第 127 号）等に基づく取組など、地方公共団体等の取組を引き続き支援するとともに、防災上課題のある崖地など管理不全の土地に関連する制度のあり方について検討を進める。

インフラに関する防災対策の観点から、インフラ隣接地の土地所有者等による適正な管理を確保するほか、必要に応じてインフラ管理者が事前防災や早期復旧を円滑に行うための仕組みについても検討を進める。

イ　民民関係での適正な土地の管理の確保（民事基本法制の見直し）

所有者不明土地の管理の合理化のための方策として、土地の管理に特化した財産管理制度の創設に向けて、法制審議会民法・不動産登記法部会において検討が行われている。また、近傍の土地所有者等による管理不全の土地の所有者に対する管理措置請求制度など、隣接所有者による所有者不明土地の利用・管理を円滑に行う仕組みについても、同部会において検討が行われており、これを踏まえた民事基本法制の見直しに取り組む。

ウ　市町村による森林管理

森林経営管理法に基づき、森林所有者自らが森林の経営管理を実施できない場合には市町村が森林の経営管理の委託を受け、そのうち林業経営に適さない森林については、市町村自らが間伐等を実施することにより、森林の適切な管理を推進する。

３．所有者不明土地問題への対応に関する措置

（１）　所有者不明土地の円滑な利用

地域福利増進事業の実施に係る先進的な取組（モデル事業）への支援やノウハウの他地域への普及促進、地方公共団体に対する所有者探索や土地収用に関する特例制度に係るノウハウの提供や先進事例の情報共有など、所有者不明土地の利用の円滑化等に関する特別措置法（平成 30 年法律第 49 号。以下「所有者不明土地法」という。）の円滑な施行により、所有者不明土地の公共的利用を促進する。

表題部所有者不明土地の登記及び管理の適正化に関する法律（令和元年法律第 15 号）の制定によって、歴史的な経緯により不動産登記簿の表題部所有者欄が正常に記録されていない登記を解消することを目的とした制度が創設されたところであり、当該制度の円滑な運用を図る。

共有者の一部が不明である土地を円滑・適正に利用するための仕組みや、ライフラインの導管等を設置するために他人の土地を使用することができる制度等について、法制審議会民法・不動産登記法部会において検討が行われており、これを踏まえた民

事基本法制の見直しに取り組む。

（２）　所有者不明土地の発生抑制・解消

相続登記の申請が義務化されていないことや特に価値の低い土地を相続した者には相続登記手続に対する負担感があることなどを背景として相続登記がされないまま放置された所有者不明土地が発生していることを踏まえ、法制審議会民法・不動産登記法部会において、相続登記の申請の義務化や登記手続の負担軽減による不動産登記情報の最新化を図る方策について検討が行われており、これを踏まえた民事基本法制の見直しに取り組む。

また、同部会において、土地の管理不全化を防止するとともに所有者不明土地の発生を抑制する観点から、放棄しようとする土地が適切に管理されていることや、相当な努力を払ってもなお譲渡等をすることができないことなどの一定の要件の下で土地の所有権放棄を認め、国に土地を帰属させる制度の創設についても検討が行われており、これを踏まえた民事基本法制の見直しに取り組む。

令和２年度からの新たな国土調査事業十箇年計画に基づき、地籍調査の円滑化・迅速化を図り、土地に関する基礎的情報である境界の明確化を推進することで、所有者不明土地の発生抑制に貢献する。

（３）　所有者不明農地・森林の適正な利用・管理

所有者が不明である農地について、農業委員会による探索・公示手続を経て、農地中間管理機構が利用権を取得できる制度等により、所有者不明農地の利用を促進する。

所有者の全部又は一部が不明であり、手入れが行き届いていない森林については、森林経営管理法の特例措置に基づいて市町村に経営管理を行う権利の設定等を行い、森林の適切な経営管理を推進する。

第三　土地の取引に関する措置に関する基本的事項

法第 14 条に基づき、国及び地方公共団体は、土地の取引に係る市場環境整備を行うものとする。特に、「円滑な取引」が適正な土地の利用又は管理を促進するための必要な手段であるとの観点から、土地の取引の円滑化に資する不動産市場の整備に関する措置等を講ずるものとする。また、国民生活に著しい弊害を及ぼすこととなる投機的取引を抑止する観点から、土地取引の規制等に関する措置を引き続き講ずるものとする。

このような趣旨にのっとった、土地の取引に関する措置を推進するため、以下の取組を進める。

１．不動産市場の整備

ア　投資環境の整備による不動産投資市場の活性化

リート、不動産特定共同事業等の市場の拡大やクラウドファンディング等に対応した投資環境を整備することにより、成長著しい分野のリート等について一層の推進と投資対象不動産の更なる多様化を図るとともに、地方創生に資する不動産特定共同事業の取組の拡大を促進する。

SDGs[2]や ESG[3]の観点に沿った優良なストック形成につながる投資の拡大をはじめ、投資家の選好に関する新たな動向に対応した適正な情報開示に関する投資環境整備を併せて実施する。

イ　取引環境の整備による不動産流通の活性化

第二の１．（２）で示した空き地・空き家バンク、ランドバンク等を通じた需給のマッチングの促進や、宅地評価土地及び住宅・土地の取得に係る登録免許税・不動産取得税の特例措置等の流通税の特例措置や事業用資産を買い替えた場合の譲渡した事業用資産の譲渡益についての税制特例措置等により、土地に対する需要を喚起し、より有効に土地を活用する担い手への移転を促進する。

インスペクション（建物状況調査等）の活用促進や、インスペクションが行われた既存住宅であること等を示す「安心Ｒ住宅」制度等を通じ、売主・買主が安心して取引ができる市場環境を整備し、既存住宅の流通を促進する。

PRE[4]、CRE[5]の活用に関する地方公共団体や事業者等のネットワークの形成に加え、国、地方公共団体の職員向け研修の開催、ガイドラインの普及等により PRE、CRE の活用を進めるとともに、外国人を相手方とする不動産取引等に関するトラブル防止のためのマニュアルの普及など不動産市場の国際化を踏まえた必要な施策を講じる。

テレビ会議などの IT を活用した重要事項説明（IT 重説）や重要事項説明書などの書面の電子化に係る検討の推進により、新技術に対応した制度インフラの整備を行い、土地・不動産取引の円滑化を推進する。

ウ　情報の充実による不動産市場の活性化

不動産への投資や取引の活性化等の観点から、第四に掲げる取組等を通じ、不動産に関する情報基盤の整備・充実を図る。

２．土地取引規制制度の適切な運用

土地の投機的取引及び地価の高騰が国民生活に及ぼす弊害を除去し、適正かつ合理

---

[2] Sustainable Development Goals（持続可能な開発目標）の略。
[3] Environment（環境）、Social（社会）、Governance（ガバナンス）の略。
[4] Public Real Estate（公的不動産）の略。
[5] Corporate Real Estate（企業不動産）の略。

的な土地利用を確保するため、引き続き、土地取引情報等を把握する土地取引規制基礎調査等を実施し、国土利用計画法（昭和 49 年法律第 92 号）に基づく土地取引規制制度等の適切な運用に努める。

第四　土地に関する調査の実施及び情報の提供等に関する基本的事項

法第 18 条に基づき、国及び地方公共団体は、適切な役割分担の下、連携して土地の適正な利用及び管理等のために講じられる土地に関する施策の実施に際して重要である地籍、地価を含む不動産市場の動向等の調査を実施するものとする。また、国及び地方公共団体は、土地に関する施策の円滑な実施に資するため、国民に対し、収集した土地に関する情報をわかりやすく提供するものとし、提供に際しては、個人情報保護を含め個人の権利利益の保護に配慮するものとする。さらに、これらを確保するため必要となる情報基盤の整備・充実を図るものとする。

このような趣旨にのっとった、土地に関する調査の実施及び情報の提供等を促進するため、以下の取組を進める。

１．地籍調査の円滑化・迅速化と不動産登記情報の最新化

地籍調査について、令和２年３月の土地基本法等の改正を踏まえ、令和２年度から始まる新たな国土調査事業十箇年計画において、所有者不明等の場合でも調査を進められるような新たな調査手続の活用や、都市部における官民境界の先行的な調査、山村部におけるリモートセンシングデータの活用など、地域の特性に応じた効率的な調査手法の導入を促進する旨を定め、同計画に基づき、調査の円滑化・迅速化を図る。

あわせて、法制審議会民法・不動産登記法部会において相続登記の申請の義務化や登記手続の負担軽減による不動産登記情報の最新化を図る方策についての検討が行われており、これを踏まえた民事基本法制の見直しに取り組む。

２．不動産市場情報の整備の推進

現在の地価公示等を通じた地価情報の発信や、不動産取引価格情報の提供、不動産取引価格指数（住宅、商業用不動産）の公表に加え、既存住宅販売量に関する指数・不動産の賃料に関する指標の整備、官民連携した面的な市場情報の整備等を行うなど、不動産市場の動向を的確に把握する統計の整備とデータの提供を充実化することにより、不動産市場のより一層の透明化を図り、円滑な不動産取引を推進する。さらに、地価公示等についても、地価の個別化・多極化に対応した調査方法の見直しを行うなど、よりきめ細やかに地価動向を把握・発信する。

また、不動産の鑑定評価の専門家の存在自体が、不動産市場を支えるインフラであることから、不動産鑑定業者の能力に着目した業者選定に向けた依頼者への情報提供

等の支援や、不当鑑定等に対する監督の強化を通じ、不動産鑑定評価の品質の維持・向上を図る。

３．災害リスク等についての情報の提供等

社会のニーズに応じた防災・減災に資する浸水想定や地域の土地の災害履歴等の災害リスク情報、不動産価格情報、「空き家・空き地バンク」に関する情報などを地理空間上において活用可能とするための情報の整備・公開・活用の推進、三次元化等により都市情報を可視化する「i-都市再生」の技術開発等を通じ、土地の利用・管理・取引に関する施策の円滑な実施を促進する。

不動産取引時の重要事項説明として土砂災害警戒区域内や津波災害警戒区域内であるかどうか等を説明していることに加え、ハザードマップを活用した水害リスクに係る説明について、重要事項説明の対象に追加する方向で検討を深める。

不動産分野におけるTCFD[6]提言を踏まえた、気候変動によるリスク（災害リスク等）への対応に関する情報開示を促進するための環境整備を行う。

４．オンライン化の取組も含めた各種台帳連携等による情報基盤の整備・充実

不動産登記を中心にした登記簿と他の公的機関の台帳等との連携により、個人情報保護にも配慮しつつ、関係行政機関が土地所有者に関する情報を円滑に把握できる仕組みを構築することを目指し、検討を進める。

これとあわせ、土地に関する各種台帳情報連携を促進するとともに、これを容易にするためのデータ形式の見直しやシステム間の調整を行い、オンライン化の取組も含めた情報連携の仕組みの構築に向けた検討を進める。

第五　土地に関する施策の総合的な推進を図るために必要な事項

第一から第四に定めるもののほか、土地に関する施策の総合的な推進を図るため、以下の取組を進める。

１．国・地方公共団体の連携協力

これまで示した施策を的確に講じていけるよう、国は、地方公共団体の自主的かつ主体的な土地政策の推進に配慮しつつ、優良事例についての情報提供、ガイドラインの整備、専門家や国の職員の地方公共団体への派遣などによる、必要な情報の提供、

---

[6] Task Force on Climate-related Financial Disclosures（気候関連財務情報開示タスクフォース）の略。

技術的な支援等を通じて、地方公共団体との連携体制の構築を図ることとする。

所有者不明土地法の円滑な施行に向けては、全国の各ブロックにおいて地方整備局、法務局、都道府県等の連携による協議会を開催し、地方公共団体に対する情報提供や技術的な支援を行っているところであり、こうした取組を通じた地方公共団体との連携協力を幅広く展開していく。

２．関連分野の専門家等との連携協力

今後の土地政策の推進に当たっては、上記協議会の枠組みも活用しつつ、関連分野の専門家等と地方公共団体、地域コミュニティ、NPO 等と関係行政機関との一層の連携体制を構築しつつ、これらの意見等を十分踏まえながら官民一体となって対応することとする。

また、専門家等の存在は、適正な土地の利用・管理の確保に不可欠な社会インフラであることから、大都市から地方まで、十分な専門家等の確保を推進する。

３．土地に関する基本理念の普及等

土地白書の公表や、「土地月間」、「土地の日」に関する活動等を通じて、関係団体と連携しつつ、土地に関する基本理念やそれにのっとった各種施策・制度等に関する国民の理解を深めるよう適切な措置を講ずる。

４．資金・担い手の確保

これまで示した施策を総合的かつ計画的に推進するため、土地所有者等、近隣住民・地域コミュニティ、NPO、行政等の適切な役割分担を踏まえ、必要な資金の確保や、自ら土地を利用・管理する主体のみならず地域におけるマッチング・コーディネートを行う主体など適正な土地の利用・管理に関わる様々な担い手の確保等について検討する。

５．PDCA サイクルの実行による適時の見直し

これまでに示した施策の実効性を担保するため、各施策の実施状況について適切なフォローアップを行い、施策の効果について定期的な分析・評価を行うなど、PDCA サイクル[7]の実行を徹底することにより、本方針について社会経済情勢の変化等を踏まえた所要の見直しを適時に行う。

[7] Plan（計画）、Do（実施）、Check（評価）、Act（改善）の４つの視点をプロセスの中に取り込むことで、プロセスを不断のサイクルとし、継続的な改善を推進するマネジメント手法。

〈重要法令シリーズ025〉

土地基本法
法律・政令・省令等

2020年8月30日　第1版第1刷発行

発行者　今井　貴
発行所　株式会社　信山社
〒113-0033 東京都文京区本郷6-2-9-102
Tel 03-3818-1019
Fax 03-3818-0344
info@shinzansha.co.jp
出版契約 No.2020-7425-7-01011　Printed in Japan

印刷・製本／亜細亜印刷・渋谷文泉閣
ISBN978-4-7972-7425-7　012-045-015 C3332
分類324.203.e025 P128.不動産法・民法

出典：国土交通省ホームページ（https://www.mlit.go.jp/report/press/totikensangyo02_hh_000149.html〔土地基本法等の一部を改正する法律案〕、https://www.mlit.go.jp/report/press/totikensangyo06_hh_000039.html〔土地基本法等の一部を改正する法律の施行に伴う関係政令の整備等に関する政令〕、https://www.mlit.go.jp/report/press/totikensangyo02_hh_000154.html〔土地基本方針、国土調査事十箇年計画〕）

巻数	書　名	編・著者　等	ISBN	本体価格
1	皇室典範	芦部信喜、高見勝利	978-4-88261-200-1	36,893 円
2	信託法・信託業法〔大正11年〕	山田昭	978-4-88261-201-8	43,689 円
3	議院法〔明治22年〕	大石眞	978-4-88261-202-5	40,777 円
4	會計法〔明治22年〕	小柳春一郎	978-4-88261-203-2	48,544 円
5	行政事件訴訟法〔昭和37年〕(1)	塩野宏	978-4-88261-206-3	48,544 円
6	行政事件訴訟法〔昭和37年〕(2)	塩野宏	978-4-88261-207-0	48,544 円
7	皇室経済法〔昭和22年〕	芦部信喜、高見勝利	978-4-88261-210-0	48,544 円
8	刑法草按注解 上〔旧刑法別冊(1)〕	吉井蒼生夫、藤田正、新倉修	978-4-88261-211-7	36,893 円
9	刑法草按註解 下〔旧刑法別冊(2)〕	吉井蒼生夫、藤田正、新倉修	978-4-88261-212-4	36,893 円
10	民事訴訟法〔大正改正編〕(1)	松本博之、河野正憲、徳田和幸	978-4-88261-213-1	48,544 円
11	民事訴訟法〔大正改正編〕(2)	松本博之、河野正憲、徳田和幸	978-4-88261-214-8	48,544 円
12	民事訴訟法〔大正改正編〕(3)	松本博之、河野正憲、徳田和幸	978-4-88261-215-5	34,951 円
13	民事訴訟法〔大正改正編〕(4)	松本博之、河野正憲、徳田和幸	978-4-88261-216-2	38,835 円
14	民事訴訟法〔大正改正編〕(5)	松本博之、河野正憲、徳田和幸	978-4-88261-217-9	36,893 円
15	民事訴訟法〔大正改正編〕総索引	松本博之、河野正憲、徳田和幸	978-4-88261-218-6	2,913 円
16	明治皇室典範〔明治22年〕(上)	小林宏、島善高	978-4-88261-208-7	35,922 円
17	明治皇室典範〔明治22年〕(下)	小林宏、島善高	978-4-88261-209-4	45,000 円
18	大正少年法〔大正11年〕(上)	森田明	978-4-88261-204-9	43,689 円
19	大正少年法〔大正11年〕(下)	森田明	978-4-88261-205-6	43,689 円
20	刑法〔明治40年〕(1)-Ⅰ	内田文昭、山火正則、吉井蒼生夫	978-4-88261-223-0	45,000 円
20-2	刑法〔明治40年〕(1)-Ⅱ	内田文昭、山火正則、吉井蒼生夫	978-4-7972-4251-5	50,000 円
20-3	刑法〔明治40年〕(1)-Ⅲ	内田文昭、山火正則、吉井蒼生夫	978-4-7972-4252-2	45,000 円
21	刑法〔明治40年〕(2)	内田文昭、山火正則、吉井蒼生夫	978-4-88261-224-7	38,835 円
22	刑法〔明治40年〕(3)-Ⅰ	内田文昭、山火正則、吉井蒼生夫	978-4-88261-225-4	29,126 円
23	刑法〔明治40年〕(3)-Ⅱ	内田文昭、山火正則、吉井蒼生夫	978-4-88261-231-5	35,922 円
24	刑法〔明治40年〕(4)	内田文昭、山火正則、吉井蒼生夫	978-4-88261-226-1	43,689 円
25	刑法〔明治40年〕(5)	内田文昭、山火正則、吉井蒼生夫	978-4-88261-227-8	31,068 円
26	刑法〔明治40年〕(6)	内田文昭、山火正則、吉井蒼生夫	978-4-88261-228-5	32,039 円
27	刑法〔明治40年〕(7)	内田文昭、山火正則、吉井蒼生夫	978-4-88261-229-2	30,097 円

巻数	書　名	編・著者 等	ISBN	本体価格
29	旧刑法〔明治13年〕(1)	西原春夫、吉井蒼生夫、藤田正、新倉修	978-4-88261-232-2	31,068 円
30	旧刑法〔明治13年〕(2)-Ⅰ	西原春夫、吉井蒼生夫、藤田正、新倉修	978-4-88261-233-9	33,981 円
31	旧刑法〔明治13年〕(2)-Ⅱ	西原春夫、吉井蒼生夫、藤田正、新倉修	978-4-88261-234-6	32,039 円
32	旧刑法〔明治13年〕(3)-Ⅰ	西原春夫、吉井蒼生夫、藤田正、新倉修	978-4-88261-235-3	39,806 円
33	旧刑法〔明治13年〕(3)-Ⅱ	西原春夫、吉井蒼生夫、藤田正、新倉修	978-4-88261-236-0	30,000 円
34	旧刑法〔明治13年〕(3)-Ⅲ	西原春夫、吉井蒼生夫、藤田正、新倉修	978-4-88261-237-7	35,000 円
35	旧刑法〔明治13年〕(3)-Ⅳ	西原春夫、吉井蒼生夫、藤田正、新倉修	978-4-7972-2072-8	45,000 円
36-Ⅰ	旧刑法〔明治13年〕(4)-Ⅰ	西原春夫、吉井蒼生夫、藤田正、新倉修	978-4-7972-2073-5	48,000 円
36-Ⅱ	旧刑法〔明治13年〕(4)-Ⅱ	西原春夫、吉井蒼生夫、藤田正、新倉修	978-4-7972-2074-2	60,000 円
37	行政事件訴訟法〔昭和37年〕(3)	塩野宏	978-4-88261-240-7	29,126 円
38	行政事件訴訟法〔昭和37年〕(4)	塩野宏	978-4-88261-241-4	34,951 円
39	行政事件訴訟法〔昭和37年〕(5)	塩野宏	978-4-88261-242-1	37,864 円
40	行政事件訴訟法〔昭和37年〕(6)	塩野宏	978-4-88261-243-8	26,214 円
41	行政事件訴訟法〔昭和37年〕(7)	塩野宏	978-4-88261-244-5	25,243 円
42	国家賠償法〔昭和22年〕	宇賀克也	978-4-7972-3011-6	50,000 円
43	民事訴訟法〔明治36年草案〕(1)	松本博之、河野正憲、徳田和幸	978-4-88261-219-3	37,864 円
44	民事訴訟法〔明治36年草案〕(2)	松本博之、河野正憲、徳田和幸	978-4-88261-220-9	33,010 円
45	民事訴訟法〔明治36年草案〕(3)	松本博之、河野正憲、徳田和幸	978-4-88261-221-6	34,951 円
46	民事訴訟法〔明治36年草案〕(4)	松本博之、河野正憲、徳田和幸	978-4-88261-222-3	43,689 円
47	会社更生法〔昭和27年〕(1) **GHQ交渉編**	位野木益雄	978-4-88261-248-3	31,068 円
48	会社更生法〔昭和27年〕(2) **GHQ交渉編**	位野木益雄	978-4-88261-249-0	33,981 円
49	会社更生法〔昭和27年〕(3) **国会審議編**	青山善充	978-4-7972-4196-9	70,000 円
51	労働基準法〔昭和27年〕(1)	渡辺章	978-4-88261-256-8	43,689 円
52	労働基準法〔昭和27年〕(2)	渡辺章	978-4-88261-257-5	55,000 円
53	労働基準法〔昭和27年〕(3)上	渡辺章	978-4-88261-258-2	35,000 円
54	労働基準法〔昭和27年〕(3)下	渡辺章	978-4-88261-259-9	34,000 円
55	労働基準法〔昭和22年〕(4)上	渡辺章、野田進	978-4-7972-2341-5	50,000 円
56	労働基準法〔昭和22年〕(4)下	渡辺章、野田進	978-4-7972-2342-2	38,000 円
61	民事訴訟法〔戦後改正編〕(1)	松本博之	978-4-7972-4300-0	50,000 円
62	民事訴訟法〔戦後改正編〕(2)	松本博之	978-4-88261-254-4	42,000 円
63	民事訴訟法〔戦後改正編〕(3)-Ⅰ	松本博之	978-4-88261-265-0	36,000 円

巻数	書　名	編・著者　等	ISBN	本体価格
64	民事訴訟法〔戦後改正編〕(3)-Ⅱ	松本博之	978-4-88261-266-7	38,000円
65	民事訴訟法〔戦後改正編〕(4)-Ⅰ	松本博之	978-4-88261-267-4	40,000円
66	民事訴訟法〔戦後改正編〕(4)-Ⅱ	松本博之	978-4-88261-268-1	38,000円
68	事業者団体法〔昭和23年〕	今村成和、厚谷襄兒	978-4-7972-4296-6	60,000円
71	日本国憲法制定資料全集(1)	芦部信喜、高橋和之、高見勝利、日比野勤	978-4-7972-2021-6	33,010円
72	日本国憲法制定資料全集(2)	芦部信喜、高橋和之、高見勝利、日比野勤	978-4-7972-2022-3	35,000円
74-Ⅰ	日本国憲法制定資料全集(4)-Ⅰ	芦部信喜、高橋和之、高見勝利、日比野勤	978-4-7972-2024-7	45,000円
74-Ⅱ	日本国憲法制定資料全集(4)-Ⅱ	芦部信喜、高橋和之、高見勝利、日比野勤	978-4-7972-2025-4	40,000円
75	日本国憲法制定資料全集(5)	芦部信喜、高橋和之、高見勝利、日比野勤	978-4-7972-2026-1	45,000円
76	日本国憲法制定資料全集(6)	芦部信喜、高橋和之、高見勝利、日比野勤	978-4-7972-2027-8	30,000円
80	日本国憲法制定資料全集(10) **臨時法制調査会Ⅰ**	芦部信喜、高橋和之、高見勝利、日比野勤	978-4-7972-2031-5	50,000円
80	日本国憲法制定資料全集(11) **臨時法制調査会Ⅱ**	芦部信喜、高橋和之、高見勝利、日比野勤	978-4-7972-2032-2	55,000円
80	日本国憲法制定資料全集(12) **臨時法制調査会Ⅲ**	芦部信喜、高橋和之、高見勝利、日比野勤	978-4-7972-2033-9	50,000円
83	日本国憲法制定資料全集(13) **衆議院議事録(1)**	芦部信喜、高橋和之、高見勝利、日比野勤	978-4-7972-2034-6	60,000円
84	日本国憲法制定資料全集(14) **衆議院議事録(2)**	芦部信喜、高橋和之、高見勝利、日比野勤	978-4-7972-2035-3	60,000円
85	日本国憲法制定資料全集(15) **衆議院議事録(3)**	芦部信喜、高橋和之、高見勝利、日比野勤	978-4-7972-2036-0	60,000円
86	日本国憲法制定資料全集(16) **貴族院議事録(1)**	芦部信喜、高橋和之、高見勝利、日比野勤	978-4-7972-2037-7	56,000円
87	日本国憲法制定資料全集(17) **貴族院議事録(2)**	芦部信喜、高橋和之、高見勝利、日比野勤	978-4-7972-2038-4	52,000円
88	日本国憲法制定資料全集(18) **貴族院議事録(3)**	芦部信喜、高橋和之、高見勝利、日比野勤	978-4-7972-2075-9	52,000円
89	日本国憲法制定資料全集(19) **貴族院議事録(4)**	芦部信喜、高橋和之、高見勝利、日比野勤	978-4-7972-2076-6	54,000円
90	日本国憲法制定資料全集(20) **帝国議会議事録総索引**	芦部信喜、高橋和之、高見勝利、日比野勤	978-4-7972-2077-3	30,000円
91	商法改正〔昭和25年・26年〕 GHQ／SCAP文書	中東正文	978-4-7972-4121-1	38,000円
92	外国弁護士法(上)	小島武司	978-4-7972-4290-4	50,000円
93	外国弁護士法(下)	小島武司	978-4-7972-4291-1	45,000円
94	裁判所構成法	小柳春一郎、蕪山嚴	978-4-7972-4002-3	56,000円 ※直販のみ
95	裁判所構成法註釋 竝に裁判所構成法議事速記録	オットー・ルドルフ、篠塚春世	978-4-7972-4294-2	100,000円
101	不戦条約(上)国際法先例資料集(1)	柳原正治	978-4-7972-2070-4	43,000円

巻数	書　名	編・著者　等	ISBN	本体価格
102	不戦条約(下)国際法先例資料集(2)	柳原正治	978-4-7972-2071-1	43,000円
103	行政手続法制定資料〔平成5年〕(1) 議事録編Ⅰ	塩野宏、小早川光郎	978-4-7972-0291-5	60,000円
104	行政手続法制定資料〔平成5年〕(2) 議事録編Ⅱ	塩野宏、小早川光郎	978-4-7972-0292-2	70,000円
105	行政手続法制定資料〔平成5年〕(3) 議事録編Ⅲ	塩野宏、小早川光郎	978-4-7972-0293-9	60,000円
106	行政手続法制定資料〔平成5年〕(4) 要綱案関係資料編Ⅰ	塩野宏、小早川光郎	978-4-7972-0294-6	40,000円
107	行政手続法制定資料〔平成5年〕(5) 要綱案関係資料編Ⅱ	塩野宏、小早川光郎	978-4-7972-0295-3	40,000円
108	行政手続法制定資料〔平成5年〕(6) 参考資料編Ⅰ	塩野宏、小早川光郎	978-4-7972-0296-0	45,000円
109	行政手続法制定資料〔平成5年〕(7) 参考資料編Ⅱ	塩野宏、小早川光郎	978-4-7972-0297-7	40,000円
110	行政手続法制定資料〔平成5年〕(8) 参考資料編Ⅲ	塩野宏、小早川光郎	978-4-7972-0298-4	45,000円
111	行政手続法制定資料〔平成5年〕(9) 参考資料編Ⅳ	塩野宏、小早川光郎	978-4-7972-0299-1	55,000円
112	行政手続法制定資料〔平成5年〕(10) 参考資料編Ⅴ	塩野宏、小早川光郎	978-4-7972-0300-4	45,000円
113	行政手続法制定資料(11) 〔平成17年改正〕議事録編	塩野宏、宇賀克也	978-4-7972-3005-5	60,000円
114	行政手続法制定資料(12) 〔平成17年改正〕立案資料編	塩野宏、宇賀克也	978-4-7972-3006-2	75,000円
115	行政手続法制定資料(13) 〔平成17年改正〕参考資料編Ⅰ	塩野宏、宇賀克也	978-4-7972-3007-9	64,000円
116	行政手続法制定資料(14) 〔平成17年改正〕参考資料編Ⅱ	塩野宏、宇賀克也	978-4-7972-3008-6	50,000円
117	行政手続法制定資料(15) 〔平成17年改正〕参考資料編Ⅲ	塩野宏、宇賀克也	978-4-7972-3009-3	63,000円
118	行政手続法制定資料(16) 〔平成17年改正〕参考資料編Ⅳ	塩野宏、宇賀克也	978-4-7972-3010-9	63,000円
121	**刑事訴訟法制定資料全集** 昭和刑事訴訟法編(1)	井上正仁、渡辺咲子、田中開	978-4-7972-4181-5	20,000円
122	**刑事訴訟法制定資料全集** 昭和刑事訴訟法編(2)	井上正仁、渡辺咲子、田中開	978-4-7972-4182-2	40,000円
123	**刑事訴訟法制定資料全集** 昭和刑事訴訟法編(3)	井上正仁、渡辺咲子、田中開	978-4-7972-4183-9	40,000円
124	**刑事訴訟法制定資料全集** 昭和刑事訴訟法編(4)	井上正仁、渡辺咲子、田中開	978-4-7972-4184-6	35,000円
125	**刑事訴訟法制定資料全集** 昭和刑事訴訟法編(5)	井上正仁、渡辺咲子、田中開	978-4-7972-4185-3	40,000円
126	**刑事訴訟法制定資料全集** 昭和刑事訴訟法編(6)	井上正仁、渡辺咲子、田中開	978-4-7972-4186-0	60,000円

巻数	書　名	編・著者　等	ISBN	本体価格
127	**刑事訴訟法制定資料全集** 昭和刑事訴訟法編(7)	井上正仁、渡辺咲子、田中開	978-4-7972-4187-7	65,000 円
128	**刑事訴訟法制定資料全集** 昭和刑事訴訟法編(8)	井上正仁、渡辺咲子、田中開	978-4-7972-4188-4	40,000 円
129	**刑事訴訟法制定資料全集** 昭和刑事訴訟法編(9)	井上正仁、渡辺咲子、田中開	978-4-7972-4189-1	60,000 円
130	**刑事訴訟法制定資料全集** 昭和刑事訴訟法編(10)	井上正仁、渡辺咲子、田中開	978-4-7972-4190-7	40,000 円
131	**刑事訴訟法制定資料全集** 昭和刑事訴訟法編(11)	井上正仁、渡辺咲子、田中開	978-4-7972-4191-4	58,000 円
132	**刑事訴訟法制定資料全集** 昭和刑事訴訟法編(12)	井上正仁、渡辺咲子、田中開	978-4-7972-4192-1	58,000 円
133	**刑事訴訟法制定資料全集** 昭和刑事訴訟法編(13)	井上正仁、渡辺咲子、田中開	978-4-7972-4193-8	60,000 円
134	**刑事訴訟法制定資料全集** 昭和刑事訴訟法編(14)	井上正仁、渡辺咲子、田中開	978-4-7972-4194-5	45,000 円
151	国税徴収法〔昭和改正編〕(1) －租税法制定資料全集	三ケ月章、加藤一郎、青山善充、碓井光明	978-4-7972-4081-8	40,000 円
152	国税徴収法〔昭和改正編〕(2) －租税法制定資料全集	三ケ月章、加藤一郎、青山善充、碓井光明	978-4-7972-4082-5	35,000 円
153	国税徴収法〔昭和改正編〕(3) －租税法制定資料全集	三ケ月章、加藤一郎、青山善充、碓井光明	978-4-7972-4083-2	35,000 円
154	国税徴収法〔昭和改正編〕(4) －租税法制定資料全集	三ケ月章、加藤一郎、青山善充、碓井光明	978-4-7972-4084-9	35,000 円
155	国税徴収法〔昭和改正編〕(5) ―租税法制定資料全集	三ケ月章、加藤一郎、青山善充、碓井光明	978-4-7972-4085-6	38,000 円
156	国税徴収法〔昭和改正編〕(6) －租税法制定資料全集	三ケ月章、加藤一郎、青山善充、碓井光明	978-4-7972-4086-3	27,000 円
191	民事訴訟法〔明治編〕(1) テヒョー草案Ⅰ	松本博之、徳田和幸	978-4-7972-4301-7	40,000 円
192	民事訴訟法〔明治編〕(2) テヒョー草案Ⅱ	松本博之、徳田和幸	978-4-7972-4302-4	55,000 円
193	民事訴訟法〔明治編〕(3) テヒョー草案Ⅲ	松本博之、徳田和幸	978-4-7972-4303-1	65,000 円
194	民事訴訟法〔明治23年〕(1)	松本博之、徳田和幸	978-4-7972-4305-5	40,000 円
195	民事訴訟法〔明治23年〕(2)	松本博之、徳田和幸	978-4-7972-4306-2	53,000 円
196	民事訴訟法〔明治23年〕(3)	松本博之、徳田和幸	978-4-7972-4307-9	40,000 円
197	民事訴訟法〔明治23年〕(4)	松本博之、徳田和幸	978-4-7972-4308-6	40,000 円
198	民事訴訟法〔明治23年〕(5)	松本博之、徳田和幸	978-4-7972-4309-3	38,000 円
201	日本民法典資料集成 1 ―民法典編纂の新方針	広中俊雄	978-4-7972-4041-2	200,000 円 ※直販のみ